塔木德

财富基因是怎样炼成的

李昊轩 / 著

北京时代华文书局

图书在版编目（CIP）数据

塔木德：财富基因是怎样炼成的 / 李昊轩著. --北京：北京时代华文书局，2020.2

ISBN 978-7-5699-3445-8

Ⅰ. ①塔… Ⅱ. ①李… Ⅲ. ①犹太人-商业经营-经验 Ⅳ. ①F715

中国版本图书馆 CIP 数据核字（2020）第 009060 号

塔木德：财富基因是怎样炼成的

Tamude Caifu Jiyin Shi Zenyang Lianchengde

著　　者 | 李昊轩

出 版 人 | 陈　涛
责任编辑 | 石乃月
装帧设计 | 武晓强
责任印制 | 刘　银

出版发行 | 北京时代华文书局 http://www.bjsdsj.com.cn
北京市东城区安定门外大街 136 号皇城国际大厦 A 座 8 楼
邮编：100011 电话：010－64267955 64267677
印　　刷 | 三河市天润建兴印务有限公司　0316－3654596
（如发现印装质量问题，请与印刷厂联系调换）
开　　本 | 880mm×1230mm　1/32　印　张 | 6.75　字　数 | 150 千字
版　　次 | 2021 年 3 月第 1 版　印　次 | 2021 年 3 月第 1 次印刷
书　　号 | ISBN 978-7-5699-3445-8
定　　价 | 48.00 元

前言

如果提及世界上苦难最深重的民族，那无疑就是犹太民族。这个民族从诞生到现在已经有 4000 多年的历史，但是在这漫长的岁月里几乎有一半的时间，他们都是在不断的流浪中度过的。期间，他们居无定所，颠沛流离，甚至在最艰难的阶段，各种形式的排犹主义让他们只能在夹缝中求得一片生存之地。尤其是在“二战”时期，他们更是饱受纳粹的无情迫害。尽管如此，这个民族并没有因此而消亡，犹太人反而在艰难困苦中创造出了更多的奇迹。

每当人们提及世界上最聪明的民族，首先想到的无疑也是犹太民族。事实上，犹太民族的人口仅有 1600 多万，大约占世界人口的 0.3%都不到，但是他们却为世界创造出了巨大的成就。《福布斯》杂志曾经财富排名在世界前 400 名的亿万富翁，其中犹太人就有 60 名。

那么，为什么犹太人会有如此顽强的毅力和强大的智慧呢？他们何以战胜苦难而作出卓越的成就呢？这就要归功于犹太民族的智慧宝典——《塔木德》。

《塔木德》是犹太民族的一部古老哲学经典，是犹太先驱对民族智慧的挖掘、总结与提炼。它的诞生对犹太民族有着重要的意义。它指导着犹太民族的生活与创富方式，给世世代代犹太人提供了充足的生存养分。如果我们想要了解犹太文化，认识犹太智慧，那么就必须要了解、学习《塔木德》。

今天，《塔木德》已经被赋予了极其神圣的意义。通过这部宝典，我们不仅可以了解犹太人的精神支柱，还能看到智慧与财富的完美结合。因此，每一个渴望富有的人都应该去观摩学习，领悟其中的智慧，这样成功才会变得更加容易一些。

本书选取了《塔木德》中的经商智慧呈现给读者。书中每一小节均以《塔木德》中的一句经典哲言为中心，紧扣这个中心进行阐释，通过诸多犹太富商的成功经历进行佐证，让广大读者更加明晰地了解《塔木德》背后的无限智慧。

如果您渴望成功，渴望拥有智慧和财富，那么阅读《塔木德》就是最好的选择。相信犹太人的经商头脑会帮助您开启智慧的人生。

目录

第三章　沟通，让成功变得更加容易

第四章　找对方向你才能赚到钱

第五章　诚信守法是经商的不二法宝

第六章　逆境往往培养最成功的商人

塔木德财富基因是怎样炼成的

第一章 抓住机遇就会赢得财富

经商之道在于抓住机遇，因为大部分商机都是转瞬即逝的。当机会出现在我们面前时，如果我们能果断抓住，可能就会成就非凡的人生；相反，如果我们犹豫不决，机会就会消失不见。所以我们要善于抓住致富的商机，把一时的好运转变成致富的捷径。即使我们没有遇到机会，那也要用双眼去发现，用心去寻找，努力给自己创造赢得财富的机会。

第一节　瞬间机会成就不凡人生

我见日光之下，快跑的未必能赢，力战的未必得胜，智慧的未必得粮食，明哲的未必得资财，灵巧的未必得喜悦，所临到众人的，是在乎当下的机会。

——《塔木德》

《塔木德》中的这句哲言告诉我们，跑得快的不一定在比赛中获胜，战斗力强的不一定能够打败对手，聪明的人不一定能够丰衣足食，睿智的人不一定就能够拥有财富，伶俐的人不一定生活得快乐。人们所有的成功和满足都在于对机会的把握。人生中，之所以有人顺风顺水，功成名就，有人庸庸碌碌，一事无成，并不是因为他们本身的能力和条件相去甚远，而是因为他们在面对机遇时，做出了不同的选择。如果我们对成功的犹太商人进行研究，很容易就会发现这一点：他们中的很多人本身并没有什么特殊的技能或才艺，也没有雄厚的资金基础作为支撑，但是最终却能够迅速跃升到成功人士的行列。究其原因，就是因为他们抓住了一个瞬间的机会，让自己展现出了不平凡的人生。马克·奥·哈德林的成功就是对这个说法最完美的诠释。

马克·奥·哈德林是一个犹太富翁，他的成功不是因为家境优渥、才华横溢，而是因为善于抓住瞬间的机会。最开始创业的时候，马克·奥·哈德林身上所有的钱加起来也就只有 500 美元，是一个彻头彻尾穷困潦倒的年轻人。不过他对房地产行业始终充满了热情，并且寄予了全部的工作热情，他热切希望自己有朝一日可以凭借在这一行业的成就而成为百万富翁。在 25 岁之前，他始终如一关注着这个行业的发展动态。只要一有空闲时间，他就会去了解房地产投资信息，学习有关不动产方面的知识。如果时间允许的话，他还会找那些从事房地产工作的亲戚朋友聊聊天儿，学习一些实际工作经验。他无时无刻不在警醒自己，一定要在 30 岁之前拥有百万财产。

一个偶然的机会给哈德林带来了人生的转折。一天，他从一个房地产中间商那里听来一个激动人心的消息。有一位房主急于要在一个月之内将自己的房子卖出去。这座房子位于中产阶级住宅区。房子本身也是很新的，各方面的状况都维护得良好，应该算得上是一流的建筑，售价只要 1.45 万美元。这个消息顿时让哈德林心痒难耐。他知道这是一个投资少但是回报率非常高的生意。于是他决定将这单生意揽到自己手中。

他找到房主协商价格，对方竟然同意将房价调到 1 万美元。于是哈德林决定要做这笔买卖，果断地跟房主签订了合同。他之所以会这样做，完全是因为自己看准了时机，觉得应该为之拼搏一把。实际上，那个时候，他手里只有 500 美元，但他很清楚，即使这次生意失败，自己在短时间内筹不到 1 万美元，那损失的也就只是支付给中间商的那 100 美元。后来，他去了省城最大的银行，借贷了

1 万美元，支付给了房主，而自己摇身变成了这所房子的主人。

之后，他拿着新到手的房子找到了另外一家银行，用房子做抵押贷了 1 万美元，用这笔钱还清了之前那家银行的贷款。而他把这所房子又出租给其他用户，没过几年，第二家银行的贷款也还清了。

这次偶然的机会让哈德林找到了做生意的门道，他运用这种方法，不断地壮大自己的财富，很快他就变成了一个真正的百万富翁，实现了自己的梦想。

人生的机会就像流星一样，转瞬即逝。它虽燃烧的时间非常短暂，但是释放出来的能量却是极为巨大的。在犹太人看来，很多人之所以没有成功，不仅因为机会转瞬即逝，还因为人们对待机会所持的不同的态度。当一个难得的机会出现时，或许人们并没有做好充足的准备去迎接它，这时，就会出现两种截然不同的态度。一种人认为机会难得，首先要占有这个机会，然后再想尽办法去弥补甚至接受它的不足，努力去实现它；另一种人则认为我还没有做好准备，等我将所有的条件都准备充足，再来迎接它，反正机会有的是。然而成功往往只垂青第一种人，而且机会往往在人的一生中只有一次，一旦错过就再也没有重新来过的机会，相应地，你所做的那些准备也就成了徒劳。

一家公司研发了一种新产品，在生活中的作用非常大，有着良好的发展前景，所以需要更大力度地推广和批量生产。但是由于公司资金周转出现了困难，所以该公司面向全社会招商引资，希望能找到有意向的合作伙伴。这一消息在报纸上刊登出来以后，很快被两个年轻人看到了。他们都刚刚参加工作，没有任何积蓄，所以两个人都犯了难。经过仔细斟酌，其中的一个年轻人决定放弃。他觉得自己还没有做好充足的准备，短时间内筹集这样一笔钱确实是一件难事，与其这样为难自己，倒不如先去努力赚钱，然后再寻找投资的机会。可是另一个年轻人却并不这样想，在他看来，钱可以以后努力去赚，但是好机会却不常有，所以他决定马上去借钱，即使在这个过程中遭受白眼和闭门羹，他仍然没有放弃，最后他筹到了这笔钱，成为该公司的合伙人。

事情的结果可想而知，几年之后，公司的规模越来越大，资产越来越丰富，那个坚持下来的年轻人早已还清了所有的债务，还成了公司的重要领导人，数不清的钱装满了他的口袋。而最初放弃的那个年轻人的确攒够了当时需要的钱数，但是对于现在的公司来说这笔钱已经变得不值一提。就这样，他一直感叹着当时的错过，等待着再有一个机会从天而降。

机会对每一个人来说都是平等的，它不会因为你具有很强的能力和很大的财富基础而格外眷顾。当它出现的时候，任何人都可以去努力争取，但是它却不容人犹豫，如果我们稍有停滞，机会瞬间就消失不见，给我们留下无尽的遗憾。因此我们应该学习犹太人的商业头脑和果敢，面对瞬间的好机会时果断地将机会握在自己手中，让其成为自己人生的转折点、通天梯。

第二节　必不可少的冒险精神

当机会来临时，不敢冒险的人永远是平庸之辈。

——《塔木德》

《塔木德》中的这句话告诉我们，当一个绝好的机会摆在我们面前的时候，如果你不能勇敢地抓住它去尝试，那么你可能就错失了人生中的一次重要改变，从此平平庸庸过完自己的余生。犹太商人之所以能够发大财，就是因为他们有非常乐观的风险意识和冒险精神。这是我们最应该从他们身上学习的东西。我们在做任何一件事情的时候，都可能会面对两个结果，那就是成功与失败。所以，当我们在下决心做一件事情之前，总需要仔细斟酌。然而事情的结果往往在做完尝试与努力之后才能揭晓，所以想要成功就必须要承担可能失败的风险，尤其是在失败的可能性比较大的时候，就更需要我们具备充足的冒险精神。美国巨富阿曼德·哈默就是一位以冒险精神取胜的典范。

哈默虽然出生在美国，但是身上却有着犹太人的血统。当他还是一个大学生的时候，就已经开始打理父亲留下来的药厂，并且取得了非常好的成绩，坐拥百万财产，成为美国知名的大学生。

他的成功吸引了无数人的关注，大家都想要跟他讨教成功的秘诀。在他们看来，如果哈默只是单纯依靠自己的聪明才智和勤奋努力根本不可能取得如此大的成就，他一定还有什么不为人知的成功手段和技巧。于是在一次晚会上，有人专门向他打听成功的秘诀。

这个人走到哈默面前询问，可是哈默听了提问者的提问，并不知道应该怎样回答他，只是说："我其实并没有什么成功的秘诀。但我可以告诉你的是什么时候俄国爆发革命，你赚钱的机会就来了，你只管准备好自己的棉衣就行，到了那里以后，你可以在政府各贸易部门来回转上几圈，一边买一边卖，要知道这些部门可多得很呢，几乎能有二三百！……"哈默这样的回答让这个请教者非常不满意，他觉得这根本就是哈默在敷衍他，于是生气地离开了。

其实这些话并不是哈默的敷衍之词，而是经验之谈。20 世纪 20 年代，哈默曾经在俄国做了 13 次生意，其中有成功的也有失败的，他从这些经历中已经琢磨出了赚钱的门道。

1921 年对于苏联来说是苦难的一年，国内战乱频繁、灾荒严重，各种物资短缺，尤其是粮食极度匮乏。另外霍乱、伤寒等传染病肆虐。内有各种灾祸的困扰，外有各国军事干涉与封锁，整个苏联陷入了一片混乱之中。在其他国家看来，这里简直就是一个人间地狱。然而就在这个时候，哈默却做出了一个让所有人都意想不到的事情，甚至让人觉得他几近疯狂。他决定放弃自己已有的舒适生活，放弃医院的轻松工作，奔赴那充满硝烟与饥饿的苦难之地。他觉得虽然医院的生活能够保障他一生衣食无忧，但是这种平淡如水的日子并不是他所向往的。在他看来，只有那些还不为人知的地方才能让他施展自己的才干，才值得他真正地去探险。

后来，苏联政府采取了重大的决策稳定形势，国家实施新的经济政策，积极吸引外资，在建设苏联经济方面做出了很大的努力。尽管如此，很多西方人士还是犹豫不决，他们用异样的目光看待苏联，就好像在审视一个可怕的怪物一样，他们不敢轻易到苏联投资经商。在他们看来，到苏联做生意，风险实在是太大了。当时的大环境就是如此——大家都不敢轻易尝试。

关于风险，哈默心知肚明，可是他也知道，风险大得到的利润自然也很高，越是在这个时候，越应该具备冒险精神。于是，他不顾众人异样的眼光，毅然决然地向着苏联进发。他乘坐轮船跨越大西洋，又乘坐火车从英国进入苏联，一路上饱受晕船的折磨和英国秘密警察无休止的纠缠，也见惯了疾病肆虐的惨象、颠沛流离的灾民。哈默意识到了粮食对于这个国家的重要性。而这个时候，美国的大丰收导致粮价下跌，农民们无法面对这样的低价，宁可把粮食烧掉也不愿出售。这种情况让哈默看到了商机，于是他很快与苏联官方达成协议，用美国的粮食来换取苏联的货物。这一次生意相当成功，可以说给哈默的人生带来了重大的转折。

后来，哈默受到了苏联政府的高度重视，他不仅成为第一个在苏联经营租让企业的美国人，还负责苏联对美国的贸易交流，成为福特汽车公司、美国橡胶公司等 30 多个公司在苏联的总代表。他的收益也越来越丰厚。慢慢地，他总结出了自己的生意心得：只要值得，就算是付出所有也要勇于冒险。

哈默 58 岁的时候，他本想着要去安度晚年，但是赚钱的机会再一次来到他的身边，他作为商人的冒险精神再一次被调动起来。

这一次他找到了人生中最赚钱的石油行业。20 世纪 50 年代，他注资 5 万美元给一家石油公司，让他们用这笔钱钻两口油井，约定好利润分半。事实上，此时哈默对石油行业一无所知，他这样做也只是一次冒险的尝试。结果这两口油井并没有让他失望，给他赢得了巨大的利润，还让他成功当上了西方石油公司最大的股东兼总经理。

从那以后，哈默致力于石油与天然气行业的发展，经过多年起伏跌宕、摸爬滚打，哈默将西方石油公司经营得蒸蒸日上，1974 年公司收入高达 60 亿美元。而他自己也成为享誉世界的知名人物。

从哈默的成功中我们可以看出，有时候冒险可以成就我们伟大的人生，只有敢于冒险，我们才能找到赚大钱的机会。回看那些犹太大亨们，他们每一个人都经历过无数的冒险，最后拥有了无数的财富，他们在商场的惊涛骇浪中勇敢前行，最后达到了财富的巅峰。

生活中，我们每一个人、每一个企业都希望自己能创造越来越多的财富，但是在面对未知的风险时又畏首畏尾，裹足不前，这无形中就丧失了迎接财富的机会。要知道，财富往往与风险共存。有些事情表面看上去风平浪静，一旦深入之后才发现其中暗潮汹涌，风险极高，这时摆在我们面前的路只有两条，要么知难而退，安心享受平淡的生活；要么就冒险前进，哪怕前面是龙潭虎穴。无数的事实告诉我们，想要获得更大的财富，就必须敢于去冒险。因为巨大的财富或许就在风险的背后。人们常说“努力了不一定成功，不努力就一定不会成功”。所以如果我们想要得到更多财富，就要学习犹太大亨骨子里的冒险精神，让自己变得无畏起来，这样我们的人生才会更加精彩。

第三节　看准时机就果断出手

流水之所以能漂石，在速度；飞鸟之所以能够捕杀鼠兔，在速度。——《塔木德》

《塔木德》中的这句话告诉我们，流水之所以能够让大块的石头漂动起来，主要是因为它湍急的水流能够产生巨大的冲击力；而飞鸟之所以能够将鼠兔之类的动物捕获，关键是因为它们具有飞快的速度，不给动物丝毫藏身的机会。犹太商人之所以能够在商场上脱颖而出，在世界上享有盛誉，就是因为他们在面对赚钱的机会时往往用超快的速度果断出手，从而把机会变成了自己手中的商品，变幻出无数的财富。犹太人信奉积极行动，从不会让机会从身边溜走。

犹太人桑福特·韦尔就是一个行事积极的人，当他看准致富时机时，就会像飞鸟发现猎物一样，将时机紧紧地抓在手中。

大学毕业以后，韦尔几次到经纪所应聘都没有成功，这让他一度感到灰心和失望。可是他是个心怀壮志的年轻人，不甘就此承认失败，他想方设法来开辟自己的事业。

1955 年，韦尔在华尔街找到了一个信差的工作，每月能够得到 35 美元的薪酬。第二年，他做了股票经纪人，这为他在之后自己开公司做了很好的铺垫。1960 年，韦尔与另外 3 名经纪人合作，筹集了 3 万美元，创办了属于自己的公司。从那以后，韦尔就找到了发挥自己才能的空间，公司发展越来越好，很多小的商号都被公司兼并了，而韦尔自己也通过各种方式将公司归到了自己的名下。在美国的华尔街，金融界高手如云，韦尔之所以能够拥有自己的一席之地，就是因为他具备敏锐的头脑，能够以最快的速度果断地抓住眼前的机会，大胆地去尝试，从而迅速发展自己的事业。

20 世纪 70 年代，股票市场价格波动剧烈，这种危机对很多小的公司都造成了严重的经济冲击，使其纷纷破产。可是韦尔的经纪所却呈现出了与众不同的发展趋势，它不仅不受股票行情的影响，甚至还发展得规模越来越大，这就使公司的实力变得更加突出，于是韦尔趁机将一些小商号吞并，还插手管理了一些出现经济危机的大公司。其中最让人赞叹不已的是对洛布·罗兹公司的兼并。

洛布·罗兹公司是华尔街一家很有实力的投资公司，与韦尔经营的希尔森公司实力相当，它之所以难以抵挡股票动荡带来的危机，是因为公司内部机构呆板，管理手段陈旧，根本无法适应市场变化。看到这家公司遭遇到的危机，韦尔马上想到与其合并的事情。谈判时，韦尔巧用了自己的心思，他先是躲在幕后进行操纵，等到谈判进行到关键时刻时，他才亲自亮相，运用自己的聪明才智彻底将这家公司合并到自己的公司中来。

1974 年，希尔森·洛布·罗兹公司正式宣告成立，韦尔将其经营成了华尔街第二大证券公司。从此以后，韦尔将这家公司作为基点，不断地扩大规模，等到 1981 年时，公司的销售额高达 9.36 亿美元。这一成功对于韦尔来说具有重大的意义，他不仅彻底摆脱了金融危机，同时还巩固了自己在华尔街的地位。当然，韦尔在进行每一项决策的时候，都是经过深思熟虑才下决定的，并不像人们想象中的那样轻而易举。因为韦尔知道，合并一家公司是存在风险的，一不小心就会掉到对方设置的陷阱中。

韦尔在面对时机时所表现出的果敢与速度是一般人所不能及的。1981 年韦尔的公司虽然已经取得了非常优异的成绩，但是韦尔并没有满足于此，于是在这一年 6 月，他决定将自己的公司出售给销售额高达 80 亿美元的美国捷运公司。这可是他苦心经营了 20 年的公司，为此很多人都感到费解。可是韦尔却非常坚决地卖掉了公司。美国捷运公司是一家经营旅游支票、赊账卡和银行等业务的大公司，当韦尔以员工的身份进入这家公司的时候，并没有受到人们想象中的那种重视，于是这就更加让人费解，所有人都觉得韦尔实在是亏大了。然而韦尔并没有辜负自己最初的决定，他很快就在捷运公司占据了领导地位，除了公司的董事长和总裁，他就是最高的领导，公司股份总额高达 2700 万美元。他不仅把捷运公司经营成了更具规模的公司，自己也成了华尔街屈指可数的著名人物。

韦尔的成功让我们看到了很多赚钱的经验，但是最让我们感到佩服的就是他善于抓住商机，果断出手，能够以最快的速度掌握赚钱机会。事实上，这也是众多商界成功人士的经验之谈。甚至有的人觉得，想要变成成功人士，最重要的因素就是要积极行动，这种心态的正面意义我们必须要正视起来。如果我们想要走在致富道路的前沿，就必须要快速地抓住每一个从身边走过的机会，这样才能超越别人，走向成功。

然而，并不是所有的生意人都能够参透这一道理，在他们的生意理念中，稳扎稳打是最主要的发展手段。他们固守自己的发展思路和手段，不敢轻易变换，就算是一个绝好的机会摆在面前，也不敢果断伸出手去，结果机会要么凭空溜走，要么被别人捷足先登，总之丧失了事业迅速跃升的可能性。

事实上，我们无论是在个人工作还是生意的事情上，都应该保持飞鸟猎兔的速度与专注力，一旦看准目标就要毫不犹豫地冲上去，哪怕最后并没有实现自己最初设定的目标，但是至少也不会留下任何遗憾。这种精神对我们的生活具有非常深刻的影响。它既能帮助我们去做很多我们原本不敢尝试的事情，也能帮助我们去做自己想要完成的事情，开辟出另外一片我们根本无法预知的世界，提升自己社会地位的同时还能实现财源滚滚。

第四节　努力发现而不是坐等良机

你的价值在于脑袋而不在于手。

——《塔木德》

《塔木德》中的这句话告诉我们，一个人真正的价值在于怎样用头脑去思考，创造出独特的致富方式，为社会和人类做出贡献，而不只是一味地埋头苦干，否则不仅世界难以进步，自己也永远无法得到突破。这个哲理对经商之人尤为适用。致富的商机很多时候并不会明明白白地摆在我们的面前，让我们去思考要不要抓住，也不会因为我们个人不同的喜好而变换出我们想要的商机，它是客观的，也是隐匿的。这一点犹太商人早已了然于心。他们在经商的道路上勤于思考，留心观察，努力去发现机遇，哪怕是转瞬即逝的现象、一点儿小事，他们也都会努力发现其中的商机并加以利用，从而成就自己的事业。

19 世纪 50 年代，美国加利福尼亚州发现了金矿。这一发现引起了全世界的关注，人们纷纷不远万里赶到这里淘金，加入这场轰轰烈烈的淘金狂流中来。毋庸置疑，发财致富是每一个人的梦想，年轻的犹太人李维·斯特劳斯也不例外，当他得知这一令人振奋的消息时，也是心痒难耐，最终也随着人流赶往加利福尼亚州。

可是，天不遂人愿，等他到达那里的时候，发现事情并没有他想象的那般美好，淘金活动已经临近尾声，况且资源有限，那些先到的淘金者早已将地方全部占去，根本没有后来者插手的余地。于是很多像李维·斯特劳斯一样怀抱希望而来的人都失望离开，只有李维·斯特劳斯还不愿马上离去。他觉得就这样回去实在是太让人不甘心了。

后来，李维·斯特劳斯想，既然淘金的商机没有了，他还可以找其他的商机。既然淘金者已经把金矿都占满，自己何不从这些淘金者身上找到赚钱的机会。有了这个想法以后，李维·斯特劳斯就开始观察淘金者的生活起居。他发现，这些淘金的矿工整天在石头堆中工作，每天与机器为伍，衣服磨损得非常严重，他们每个人都极需要衣服补给。李维·斯特劳斯想，如果这时我能给他们提供衣服，一定就会赚很大一笔钱。正好李维·斯特劳斯身上还带着一大卷斜纹布，这原本是他准备卖给帐篷商人的布料。

有了这个想法以后，李维·斯特劳斯就开始动手去做，于是世界上第一批牛仔裤就这样诞生了。矿工们看到他生产的裤子以后，纷纷购买，很快第一批裤子就被抢购一空，还有一些没有买到的人开始找他预订。于是李维·斯特劳斯开始了做裤子的生意。

后来，李维·斯特劳斯对裤子进行了改进，他觉得裤子口袋的地方不是很结实，于是就在口袋边上安上了铜纽扣，这种新的款式要比之前的样子美观很多。批量生产之后，销售量非常好，不仅人们争相购买，很快服装商人也都争相模仿。尽管竞争很激烈，可是仍旧没人能够超越李维·斯特劳斯的企业，其每年营业额高达 5000

万美元。

同李维·斯特劳斯一样，美国著名的犹太裔实业家、政治家和哲人伯纳德·巴鲁克也十分擅长寻找致富商机。他头脑敏锐、眼睛明亮，即使两件表面看上去并没有太大关系的事情，他也能巧妙地去发掘其中隐藏的商机，凭借这一点，他最终成为百万富翁。

1898 年 7 月初的一个星期天晚上，巴鲁克在听广播。那段时间他一直在关注着美西战争的发展。广播中称美国海军在圣地亚哥打败了西班牙舰队。听到这一消息以后，巴鲁克马上有一种判断，那就是美西战争会暂时熄火，这时候如果大量买进股票，一定会赚很大一笔钱。

巴鲁克便迫不及待地包下一趟火车，从家中赶往自己的公司。因为第二天是美国独立日，纽约证券交易所不营业，所以巴鲁克通过伦敦的证券交易所非常轻松地吃进了大量股票，这一操作让他大赚了一笔。

从上面的案例中我们不难发现，商机不是上天准备好拱手送到我们面前的，它需要我们去寻找、去发现，然后再去把握、去争取。李维·斯特劳斯用斜纹布做裤子的时候，根本不会想到这种裤子会如此畅销，也不会想到这一次生意可以引领一次服装革命，给自己带来巨大的财富。而巴鲁克则仅仅凭借一则新闻就发现了背后的经济发展趋势，从而将这一机会抓在手中，赢得了巨大的财富。

在犹太人看来，致富的机遇是客观的，它不以人的意志为转移，所以它对每一个人来说都是平等的。市场机遇没有注定会被谁发现，只要善于动脑思考，细心观察，就能在普通的事物中发现不同寻常的机遇。这就要求我们必须要具备识别机遇的本领。我们要善于动脑思考，认识机遇的特征，从而抓住机遇，迅速实现财富的指数级增长。

相反，如果我们总是甘心步别人的后尘，等着机会从天而降，那么我们可能这辈子都与巨大的财富无缘，因为人的劳动能力是有限的，而人的思维却十分活跃，不会被拘囿在一个狭小的范围内。如果我们能够做到勤于思考，努力去发现商机，我们就很有可能会迅速跻身富人的行列。

第五节 让运气变成难得的机遇

顽强地应对一切，无论运气好坏，始终不气馁。——《塔木德》

《塔木德》中的这句话告诉我们，要勇敢地面对生活中的一切，不管运气好坏，我们始终不能放弃努力。当我们能够将运气变成难得的机遇时，很可能就会迎来赚钱的机会。反之，如果我们只是一味地享受运气，那么运气很快就会消失不见。它只会给我们带来点滴财富，甚至把握不好还一无所获。机遇往往会在瞬间决定人的命运。很多商人在探讨成功的秘诀时，往往会说自己只是比别人运气好了一点而已，可事实并非如此，他们只是懂得将运气变成难得的机遇罢了。

一个大富翁的爱犬不小心丢失了，家人十分着急，甚至到电视台发布寻狗启事，悬赏一万美元，并且将小狗的照片用电子大屏幕展示给每一个人看。面对巨额的报酬，人们展开了轰轰烈烈的寻狗行动。但是他们找到的狗都不是富翁家里的狗。看着自己的爱犬杳无音信，富翁觉得，一定是对方觉得酬劳太少才没有把狗送来，于是将赏金提高到了两万美元。

事实上，幸运之神将这次好运降临到了一个乞丐的身上。他虽然见到了这只狗，但是并没有及时看到第一条寻狗启事。当他看到第二条寻狗启事的时候，心里非常高兴，因为这笔钱对于一个乞丐来说，简直就是天上掉下了大馅儿饼。

第二天一早，乞丐就打算把狗送还给富翁，然后领取那两万美元的酬金。但是当他从电子大屏幕前走过的时候，看见原本的赏金又增加了一万美元。这时，乞丐一下子想到如果我再等上几天，或许赏金会涨得更高，我就能得到更多的钱，于是他又折返回去。从那以后，乞丐不再急着送狗，而是守在大屏幕前坐等酬金上涨，等到他感到酬金已经足够高的时候，他赶紧回到自己安身的地方，想要抱着小狗把它送回到主人的身边。可不幸的是，一向娇贵的狗根本不吃乞丐给它的食物，早已饿死了。乞丐后悔不已，原本以为自己交了好运，没想到现在是竹篮打水——一场空，什么都没有了。

乞丐之所以会得到一个这样的结局，是因为他滥用自己的好运气，觉得这种运气会一直都在身边，结果却与好机遇擦肩而过。在这方面，犹太商人表现出了非常强的智慧，他们注重生意场上的每一个细节，善于将运气变成机遇，为自己的致富梦想而努力。

一年圣诞节前夕，华尔顿想去纽约，但是他并没有提前买票，临时买票又十分困难。他的妻子打电话到火车站询问，得到的回答是所有的车票都已经销售一空。不过车站建议说，如果你愿意尝试，可以带着东西到火车站看看有没有人退票，不过这就要看你的运气了，这种概率也就只有几万分之一。

听到这样的答复，华尔顿决定要去碰碰运气。他的妻子问道：

“如果没有人退票，你该怎么办呢?”

“权当我只是去散步了。”他非常坦然地回答道。

就这样他带着自己的行李去了火车站，等了很久也没看见有人来退票，大家都已经开始走向月台迎接火车了。眼看买票无望，可是华尔顿还是不想放弃，他仍旧等在那里。就在火车开动前5分钟，一位女士匆匆赶到了火车站，她的女儿生病了，所以暂时不能坐火车出行，所以她需要把票退了，这正好满足了华尔顿的愿望。

华尔顿乘坐火车到了纽约之后，在一家酒店入住。洗完澡之后，他躺在床上，拨通了妻子的电话：“亲爱的，我今天运气真好，火车临行前买到了车票。”

后来，华尔顿在一家制造厂当小技师。当地经济出现危机，很多商店和工厂都宣告倒闭，原本积压在仓库的存货全都低价出售，这让华尔顿一下子看到了商机。他用原本给孩子们准备的教养费购买了大量的货物，并且找了一个大的仓库把这些货物都囤积起来。他的这一举动引来了不少人的嘲笑，大家都觉得这个人太傻了。别人都在急着出售货物，而他却在不停地购买，非把货物砸在自己手里不可。对于他的这个举动，妻子也很不解，因为他们的家庭生活并不富裕，如果这次把所有的钱都赔进去，那未来的日子真的是不知道怎么过下去。

看到妻子这样担心，华尔顿赶紧安慰道：“放心吧，别看这些东西如此廉价，再过两个月它们可会给我们带来巨大的财富呢！”

可是事情并没有像华尔顿预言的那样发展，货物价格一路下跌，即使低价也销售不出去，于是为了稳定市场价格，工厂们便把货物都拉到一个固定的地方焚毁。这个行为让华尔顿的妻子更加担忧，于是开始抱怨华尔顿的决定。对此，华尔顿只是默默地忍受着，没有做任何解释。

机会终于还是来了。针对纷乱的市场秩序，美国政府开始采取紧急措施，大力支持工厂商业复苏。这时，大部分工厂存货都已经烧毁，存货很少，于是一时间出现严重货物短缺，以至于物价飞速地涨了起来，华尔顿想要趁机将自己所有的货物都抛售出去。

这时，妻子又开始劝阻他说："我们还是再等等吧，好不容易运气来了，价格还在上涨呢！"可是华尔顿觉得如果再不出售，货物价格很快就会下跌的，于是他果断将货物抛售出去。结果他的预言再一次被验证了，货物价格迅速下跌。

这次获得的财富给华尔顿带来做生意的资本，他用这笔钱开了6家百货商店，最后发展成为商业巨富。

华尔顿的成功就在于他善于把每一次运气都变成机遇，趁着对自己有利的条件去寻找致富商机，并且果断地将其抓在手中。赚钱之道在于对机会的把握，寻找和等待时机需要我们付出很多的努力，例如我们可能会牺牲时间、精力，甚至还有金钱，只有这样，机会出现时我们才会更好地把握住。经常会有人想，发家致富完全是要靠运气的，然而没有谁会一辈子交好运，如果我们总是渴望运气的眷顾，无异于守株待兔，根本不可能实现自己的理想。运气不是机会，所以我们必须自己去转换，把运气变成自己的机遇。

我们在致富的道路上，必须要对一时的运气和重大的机遇有一个清晰的认识，如果我们能够不断得到运气的眷顾，那自然是更好的，但是对于我们来说，更重要的是，要学会运用自己的头脑，将一时的好运变成机遇，从而给自己开辟更加广阔的发展道路。

第二章 推销自己是赚钱的首要任务

赚钱的机会对于每一个人来说都是平等的，在这样公平的基础上，有的人迅速变成了富商，有的人最终却迎来失败。究其原因就是我们是否会对自己进行推销。通常来说，赚钱的第一要务就是要打造完美的自己，培养自信、勇敢、坚韧的美好品格，树立良好的自我形象，对自己的产品充满坚定的认同，这些都是至关重要的推销自己的手段。

第一节　自信是你经商的一件法器

如果你相信你会成功，成功便会发生；如果你相信你会失败，失败便会找上门。无论如何，我们都是在证明给自己看。

——《塔木德》

《塔木德》中的这段话告诉我们，如果我们在心中始终抱有成功的希望，那么我们最终就会走向成功，如果我们始终不敢渴望成功，认为极有可能会失败，在这样的心理状态下，失败就会如约而至。不管是什么样的情况，我们都在为自己努力，似乎是在印证自己内心的想法。这句话表面上看是在论述成功与失败，实则告诉人们一个人的自信对未来的成功有着非常重要的影响。当我们自信成功时，成功很快就能实现。

作为商人，自信的心态更显得重要，曾经就有一位犹太商人表示，一个人内心必须要充满自信，只有在这种心态下，事业才会成功。自信的人每一个意念中都充满了不可阻挡的力量，用自信去推动发展，必定会一帆风顺。

很多成功的犹太商人都有着非常良好的心态，他们自信满满，不论是对自身还是对自己的产品都充满信心，以至于给客户也带来巨大的信心，愿意拿出合作的诚意来，从而促进了事业的成功。

纽约富商柯特·卡尔森是一位犹太商人，他的成功并没有很高的基石，自己从一穷二白时就开始打拼事业。

美国经济大萧条时期，柯特·卡尔森主要推销的产品就是贴水印花。等这一段艰难的经济时期过去以后，他就创办了自己的公司。它是一家全球性的联合公司，年销售额高达 10 亿美元。

在经营公司方面，柯特·卡尔森独立自主，独当一面。他不需要其他的合伙人或者是股东来替他承担风险，因为他对自己有信心，一定不会失败，因为他相信自己有着比别人更加准确的判断力，可以做出正确的决策。面对美国全面的经济危机，柯特·卡尔森非常镇定，他说："无论美国的社会经济状况怎样，我的公司始终不会受到任何不利的影响。销售额也会随着时间的推进而不断攀升，到了 1989 年，将会实现 40 亿美元的年销售额。"这句话在当时引起了美国商界的关注，大家都感到非常震惊，实在想不明白在这样一个萧条的社会经济状态下，是什么样的力量让他有如此大的自信。

然而柯特·卡尔森并没有让自己的豪言成为空谈，1987 年他公司的销售额就达到了 40 亿美元，他提前兑现了自己当时的诺言。当然这仍旧不是他公司的顶峰时期，20 世纪 90 年代，他公司的销售额更高达 90 亿美元。

作为商人，首先要对自己和自己的产品抱有极大的自信，因为商人每天面对的人是客户，只有当商人自己对产品充满信任时，才能赢得客户的信任，进而售出商品。

威特利年轻的时候，经常在各个大城市之间奔波。每当他开车的时候，总会选择一些旧的公路行驶，不为别的，只是想遇见更多潜在的客户。一天，他从一个小村庄经过，前面是一片开阔的麦田，一位农民正在牵引车上忙着。威特利觉得将保险推销给这位农民也是一个不错的选择。于是他赶紧把车子停下来，老远就冲着农民挥了挥手，示意他过来好好谈谈。不明所以的农民赶紧走了过来。

等到威特利表明自己的想法以后，农民顿时非常生气，觉得这样无聊的事情根本不值得他耽误工作来听，于是很生气地对威特利说："你信不信下次再有向我推销保险的人，我一定会狠狠地给他点儿颜色看看。"

威特利并没有很在意他说的话，仍旧满脸微笑地说："是吗？那你可得在行动之前想好了，自己到底有没有买好了所有的保险，否则倒霉的可不光是我一个人。"

于是两人陷入了一阵沉默之中，互相看着彼此，就好像在进行目光较量一样。之后，农民突然爽朗地笑了起来："好吧，就当我休息一下吧，听听你能说什么。"于是他把威特利请到了自己的房子，给了他表达自己的机会。最后，他也成功地被威特利说服，购买了他的保险产品。

无论是柯特·卡尔森，还是威特利，他们之所以能够成功，就是因为自己拥有足够的自信，不论是相信自己的能力还是相信自己的产品，他们总是能够借助这种力量奋勇向前。自信是一个永恒的话题，古往今来，很多人都对其进行过十分精辟的阐释。拿破仑曾经表示只有在愚人的字典中才能找到“不可能”这三个字。萧伯纳说一个人只要有自信心就可以化渺小为伟大，化平庸为神奇。麦修·阿诺德也表示，一个人想要给别人带去信心，首先自己就必须要有自信，那些相信自己的人才会被别人所相信……同这些名人一样，犹太商人也深知自信这种品格对成功的影响。

通常情况下，人们总是喜欢跟一些正能量的人在一起，哪怕是掏钱买东西，他们不希望跟毫无自信的人打交道，以免负能量满满。犹太商人不仅深知人性这一特点，同时还懂得加以利用，所以在经商领域取得了非常高的成就。现今的我们每个人都希望获得财富，希望轻松致富，那么不妨学习一下自信这一方法，变成一个让顾客愿意上门的人。如果真的做到这一点，那么我们距离发财就不远了。

第二节　敢于面对失败才能走向成功

人生必须透过黑暗，才能看到光明。

——《塔木德》

《塔木德》中的这句话告诉我们，光明往往是隐藏在黑暗之后的东西，我们想要看到光明，就必须要勇敢地从黑暗中跨越过去。对于我们来说，成功就是黑暗之后的光明。通向成功的道路并非一帆风顺，我们必须要具备敢于面对失败的勇气，从失败中不断地积累经验，最后冲过层层险阻到达成功的彼岸。

生活中经常有人会说，成功谈何容易，一不小心就会失败。说这话的人一定是一经历失败就一蹶不振的人，当他们在致富的道路上遇到坎坷以后，干脆就向命运屈服，没有勇气再次崛起，从而也没有得到成功的机会。然而对于犹太商人来说，成功并不是一件困难的事情，他们敢于面对失败，有着重新振作的勇气，认为走向成功只是早晚的事情。

美国最大的百货公司西尔斯—娄巴克公司最大的股东是一个犹太人，他的名字叫罗森沃德。在 20 世纪的美国商界中，罗森沃德是一个声名远播的人。他靠做服装生意变成了一个商业巨富。

罗森沃德的家庭环境并不是很好。他出生在德国的一个犹太人家庭，后来跟随家人移民到了美国。为了维持生活，他初中刚毕业就当起了杂工，在纽约一家服装店帮忙跑腿。可是他从来不喊苦不喊累，因为他早年接受的犹太教育中就有努力奋斗、不畏艰苦的精神。他认定一个人只要确定好人生的目标，并且向着这个目标不断地奋进，终有一天会实现自己的梦想。有了这样的信念以后，罗森沃德干活更加卖力，很快他就用自己的努力换来了几百美元。

因为一直在服装店当跑腿，所以罗森沃德的理想也跟服装有关。他希望拥有一家自己的服装店。每天工作时，他总是留心观察客户的喜好，揣摩服装的流行趋势，学习一些做生意的方法。工作之余，他还专门学习一些商业知识，阅读经商方面的书籍。很快几年的时间就过去了。罗森沃德觉得自己现在已经有了很丰富的经验，也有了一定的启动资金，于是决定去实现自己的小目标，开一家服装店。

然而理想总是很丰满，实际的经营状况并不像他想象中的那般美好。他的商店没有人光顾，产品更是无人问津。可是他很不甘心就此放手，一直在苦苦地支撑着。一年以后，他多年的积蓄都已经耗得一干二净。他实在没有多余的钱去周转，只好宣告关门。之后，他就离开纽约，回到了原来的住处。

然而这次经商的失败始终在罗森沃德的心中挥之不去。他不想就此被失败打倒。于是他开始寻找这次失败的原因。经过认真地思考之后，他明白服装是人们在生活中必不可少的东西。如今的服装已经有了更加深层次的内涵，它不仅要为人们保暖遮羞，同时还要彰显出美感。而自己经营的服装店，只是实现了服装的第一功能，很实用，但是在美的方面就有了很大的欠缺，款式陈旧，完全吸引不了别人的目光，只适合一些思想传统的人购买，客户群体太过于狭窄。另外从声誉方面，自己的服装店也不占优势。综合这几方面的原因，服装店关门也是必然的事情。罗森沃德想，如果自己想要成功，就必须要勇敢地面对这些不利的条件，一一去解决，这样才有机会向前发展。于是他决定要改进。他又开始学习和思考经营服装生意的方法。这一次，他要提升自己的能力。他去学校学习了服装设计，进行服装市场调查，并且对各个国家的服装分门别类地进行考察和研究。

两年之后，罗森沃德已经蓄积好了力量，在学习方面心得满满，市场调查方面也梳理得非常好。于是他决定再次经营服装店，努力东山再起。他没有钱开店，就找朋友借了几百美元，先在芝加哥开了一家服装加工店，面积也就只有十几平方米。这次他的服装店主要以满足客户的需求为目的，店内加工自己设计的服装，同时还根据客户的要求为其量身定制衣服，完全以客户的喜好为设计标准。这一次，他的生意非常火爆，因为他的服装店款式多样，经营方式灵活，设计新颖，完全符合客户的需求。

很快两年的时间又过去了，罗森沃德原先的小服装店早已扩大了规模，发展成了一个大的服装公司，专门生产各种类型的时装，受到了客户的一致好评。当然，最重要的还是收入了大量的财富。

经历过失败的罗森沃德，每当回忆往事总是感慨万分。他常常说："人生在世就好像是一场游戏，失败对于我们是一件再平常不过的事情。每当面对失败，我们不应该悲观失望，因为一时的失败并不代表什么，未来还有无尽的希望。另外，失败和错误还能够促进我们自我提高，也能够成为促进成功的一种力量。商场就是生意人的战场，每一个成功人士的背后都会有数不清的辛酸。如果我们不得已面对失败，最正确的做法就是以健康的心态去面对，不要对失败心生恐惧，明白它只是一个成功路上必需的经历。只要我们勇敢去面对，就一定能够走向成功。”

罗森沃德只是许许多多成功的犹太商人之一，但是他却具备了与他们相同的经商特点，那就是勇于面对失败，不害怕黎明前的黑暗。犹太商人认为，如果我们想要检验一个商人的品格，那就应该选在他经商失败的时候。他是如何面对失败的？是不是从此一蹶不振？是不是重新拥有了更加勇敢的信念？是不是为了战胜失败而付出了更大的努力？是不是从失败中总结出了经验教训，焕发出了更大的能量？如果他以一种积极的心态去面对失败，那么他就是一个合格的商人。

生活中，如果一个人失去了一切，只剩下了自己的生命，那么他会怎样呢？当我们在致富的道路上屡屡遭受到挫折，还有没有足够的勇气重新开始呢？答案必须是肯定的。如果我们经历失败之后，从此甘心屈服，萎靡不振，那我们注定一辈子都不会有什么大的财富。相反，即使经历失败，我们仍然雄心高昂，不失望气馁，别人就会感受到我们的勇气，对我们产生好印象，这些在我们经商过程中是十分重要的成功因素，它很可能会给我们带来意想不到的财富。

所以勇敢穿过黑暗走向光明，直面经商中的失败，是我们每一个商人都应该具备的品质。

第三节　客户是否买账取决于你的态度

你对生活奉献多少，你就会从生活中得到多少。

——《塔木德》

《塔木德》的这句哲言告诉我们，一个人想要得到什么，就要付出相同的努力，世界上没有不劳而获的事情。经商方面也是如此，没有人能够轻轻松松就获得成功，尤其是向客户推销产品的时候，让别人心甘情愿地拿出钱来更是一件不容易的事情。这时客户是否能够接受我们的产品就取决于我们拿出怎样的态度，如果我们能够让对方满意，那么生意很快就会成功，相反则无法促成一桩完美的生意。

自古以来，犹太商人对经商的态度十分看重，他们觉得，好的态度能够让顾客心情愉悦，而粗俗冷漠的态度则会让客户心生厌恶，这将对经商产生很不利的影响，甚至有可能成为失败的直接因素。

在那些经商成功的犹太人中，有些人原本并没有太高的经商天赋和资质，但是他们却有着非常好的态度，从而使得经商顺利，很快步入成功。犹太商人格雷厄姆就是这样一个典型的例子。

格雷厄姆年轻的时候很贫穷，想做生意也没有资本。后来，他凑齐了一小笔钱，于是就在家乡开了一家规模很小的商店。他为人和善，对每一位上门的顾客都非常热情，所以大家都愿意到他这里来买东西。有时候，客人在他的店铺中找不到自己中意的产品，他还会把他们介绍到其他的店铺去，并且没有丝毫抱怨的神色。后来，他的好名声传到了很远，大家都慕名而来，在这种形势下，格雷厄姆又开了几家分店，让顾客们更加方便。

因为规模扩大，所以格雷厄姆又雇用了很多员工。在对员工进行培训的时候，他告诉员工要用良好的态度对待每一位顾客。

一天，收银员渥道夫与一位顾客因为50美元而相持不下。

“我已经给过您50美元了！”顾客说。

“可是先生，我并没有收到您的50美元呀！”渥道夫说。

这让顾客感到非常生气，于是一言不发地站在那里。渥道夫自知没有收过钱，于是非常自信地说：“我们这个商店有监控设备，既然我们争执不下，那么就去看一看监控记录好了，这样大家就都清楚了。”顾客也是一头雾水，很想搞清楚事情的真相，于是就跟着渥道夫去看监控录像。

然而让他们没有想到的是，这位顾客付款的时候，把50美元放在了收银台上，还没等渥道夫注意到，前面的一位顾客就把这50美元偷走了。当然这一个动作谁都没有注意到。这下事情真相大白了，可是新的问题又随之出现。

渥道夫说：“先生，对于您的遭遇我很同情，可是我确实没有收到您的钱，法律规定，只有您将钱放到我的手中时，我才对这个钱有责任，所以现在这种情况我是不能负责的，如果您要拿走这些商品，就必须要付款。”

“钱我已经掏了，这应该是你们管理上的缺陷，我的钱丢了，还平白无故被你们误解，实在是太倒霉了，以后我不会再来这家商店买东西了。”顾客说完，带着一脸怒气走了。

后来，格雷厄姆知道了这件事，马上做出了一个决定，那就是辞退渥道夫。对于他的这个决定，很多人都觉得难以理解。于是一些部门经理和员工找到格雷厄姆，想要替渥道夫求情，觉得这件事情根本不应该怪他。但是这些劝说都无济于事。格雷厄姆既然已经做出了决定，就一定要将渥道夫辞退。

接到消息以后，渥道夫感到非常委屈。于是格雷厄姆找来渥道夫，跟他坐在一起说道：“关于我的决定，我知道你感到很委屈，甚至有些不近人情。可是我有几个问题想要问你。你觉得那位顾客是故意不付款吗？他本身是不是一个无赖呢？”

“那倒不是。”渥道夫说。

“那你说我们商店的工作人员把他当作无赖一样请到监控室看录像，这种行为本身对他的人格和自尊是不是一种侮辱呢？如果他今天受到了委屈，回去以后会不会跟亲朋好友说我们的不公平对待呢？听到他言论的那些人是不是也会很反感我们商店而不来买东西呢？”

渥道夫觉得格雷厄姆说得很对，于是不停地点头赞同。

格雷厄姆又说：“如今市场竞争很激烈，类似于我们这样的商店有很多，如果大家都知道了这位顾客在我们店里的遭遇，那别人会不会也担心被同样对待而不敢前来呢？”

渥道夫再一次赞同了格雷厄姆的话。随后，格雷厄姆将一个计算器递到了渥道夫的手中，说道："现在就让我们来计算一下，如果我们每个人都有250位亲朋好友，这些亲朋好友也有属于自己的朋友圈子，这样一来，我们表面上得罪了一个客人，可事实上呢？可能会有几十个甚至几百个客人不再光顾我们的商店。如果一个客人每周在我们商店消费20美元，那么流失一个客户可能会损失多少钱呢？"

渥道夫开始计算起来，很快，他告诉格雷厄姆："我们可能损失几万甚至几百万美元。"

格雷厄姆说："这样算来，我们损失的真不是一笔小数目。虽然这些都只是我们的假设，现实可能会稍微乐观，但是对于一个商人来说，任何的损失都是不应该出现的。那位客人被气走了，我们连他住在哪里都不知道，所以连道歉弥补的余地也没有了。为了挽回我们的声誉，也为了教育商店里的其他员工，我只能做出开除你的决定。现在你明白我为什么这样做了吧！""当然，我现在明白您的想法了，也认同您的做法。所以不会再心生抱怨。只是有一点我还是不明白，如果是您面对这样的状况，应该怎样处理呢？"

格雷厄姆笑了一下，回答道："这个事情其实处理起来非常简单，关键在于我们自己的态度。如果当时你改变一下自己的说话态度，对方就不至于如此生气了。你可以说：'先生，你把钱给我了，可是我忘记放在了哪里，所以您愿意跟我到监控室去看一看录像吗？'这样对方就会觉得是我们的错误导致了现在的局面，并不是他的过错，所以自尊心也就无所谓受伤。当然事情的真相弄清楚以后，你还可以给他一些安慰，这样对方才会心态平衡，对我们的商店不会产生任何偏见。"

“那我现在明白了，跟您谈话我受益匪浅。”渥道夫说。

“我知道你是一个好员工，工作勤勤恳恳，领悟力也非常强。我今天的决定不仅对商店的发展有好处，对你也是有好处的，或许之后你就能有所体会了。按照我们商店的规定，辞退你我需要再多支付你半年工资。如果半年之后，你并没有找到合适的工作，那么我这里的大门仍然愿意为你敞开。”

于是 20 多岁的渥道夫怀着感慨离开了格雷厄姆和这家商店。虽然格雷厄姆给了他承诺，但是渥道夫并没有重新回到这里工作。他在接受了格雷厄姆的教育之后，他自己筹集了一些钱开了一家旅馆。经过 10 年的时间，他也打拼成了一位成功商人。

后来，渥道夫在一个聚会上见到了格雷厄姆，对他当年传授的经商技巧表示感谢，可是格雷厄姆早已忘记自己当时说过什么经商诀窍了。于是渥道夫说：“是您让我用良好的态度去对待顾客，这样我才取得了今天的成功。”

从这个故事中我们不难看出，一个良好的态度对经商成功的重要性。对于商人来说，顾客就是上帝，如果我们让上帝不满意，那么他们就不会拿出钱了，这对我们的致富梦想是极为不利的。如今任何产品的销售市场竞争都非常激烈，如果我们不能给客户奉献出良好的态度，那么对方很可能就会转到那个笑脸相迎的商人身边。

现在很多商人都没有接受过良好的训练，只要稍微取得一点儿成就，就变得傲慢、粗鲁，对待顾客态度生硬、冷漠，甚至非常恶劣，使得致富的道路充满坎坷，最终导致失败。因此，如果我们想要致富，就应该学习犹太商人的经商态度，对待客户真诚热情，像春天般温暖，那样我们的钱会赚得更加轻松一些。

第四节　树立好形象才会给客户好印象

在自己的故乡所受的待遇由评价而决定，在外乡则由服饰而决定。

——《塔木德》

《塔木德》中的这句哲言告诉我们，一个人如果生活在自己的故乡，人们大多会根据他的品行去评价他，并且决定该以怎样的态度去对待他，但是如果一个人去了外地，人们首先会根据其衣着去评价他，然后决定怎样去对待他。由此可见，一个人的外在形象对自身的发展有着重要的影响。

犹太商人对外在形象上非常重视，因为他们觉得虽然一个人的内在价值非常重要，但是对于初次见面的人来说，内在价值是很难一下子体现出来的，反而外在形象会更加直观一些。一个人的外在形象很容易影响别人对自己的看法，尤其是一个商人在面对客户的时候，好的形象往往会让对方产生好感，从而愿意接受自己的产品；相反，如果商人自己的形象非常不堪，很容易就会引起客户的反感和轻视，从而造成产品推销的失败。

一位犹太富商年轻的时候生活很贫困，好不容易才找到一份自己喜欢的推销工作。他对自己的未来充满了信心，他觉得，只要自己足够真诚和热情，就一定能够打动客户购买自己的产品，说不定自己将来还会打拼出一片更好的天地。

第一天上班，因为年轻人居住的地方距离公司比较远，所以他根本没来得及收拾自己就出门了。后来他被安排做一个上门推销的工作。这一天他吃了无数的闭门羹，每次都是对方刚一打开门，打量他一番，还没等他开口说话就直接关上了门。这让他的内心产生了无限的挫败感。他不知道人们为什么会这样，后来他只好安慰自己说，一定是人们反感上门推销这种工作方式。可是回到公司以后，其他员工成交了好几单生意，只有他一无所获。

第二天，公司给他约了几个客户。按照约定的时间，年轻人在餐厅等着客户。第一个客户来了以后，看到年轻人之后一脸不高兴，虽然年轻人已经努力表现出了自己的友好，可是对方好像并没有太在意，只是待了很短的时间就起身离开了。于是年轻人只好等待着第二个客户，这个客户相对第一个客户来说还算是有耐心，一直在年轻人的对面坐着。不过，他看上去好像一副心不在焉的样子，只是偶尔会跟年轻人说上几句，大部分时间都在打量年轻人的穿着，看他的裤子、鞋子，直到谈话结束的时候，他也好像并不知道年轻人在说些什么。之后，年轻人又见了两个客户，可是结果都不尽如人意。

看到年轻人又没有成交，公司对这些客户进行了回访，于是那些原本有购买意向的人纷纷给出了自己的反馈意见。有的人说："你们公司并不是很尊重客户，这一点从推销员的身上就能够看出来，大家原本约好见面，但是他却穿着随意，这对客户来说，应该是没有多尊重的。一个不尊重客户的公司，我感觉它的产品也不怎么值得信赖。”还有客户说：“我对你们的产品还需要再考察考察，虽然推销员已经详细地跟我介绍了产品，但是我并没有听进去多少，在跟他谈话的过程中我就在想，既然这个产品的销量很好，为什么一个推销员的穿着还如此落魄，他完全跟我想象的样子是不同的。”听到这些反馈，公司经理才发现问题所在。于是他决定找年轻人好好谈谈。

他告诉年轻人，在商业活动中，一个人的仪表具有很重要的作用。一个良好的形象能够给人一种赏心悦目的感觉，很容易激发出对方的斗志，可能很快就能促进生意的成功，但是如果给人的第一印象不好，那么即使你的产品再好，也会受到第一印象的干扰，从而给成功的道路造成障碍。经理的话使年轻人感触颇深，他不知道一个外在的形象居然在生意经中有着如此重要的作用。

从那以后，年轻人开始注重自己的外表，尤其是第一次与别人打交道，他更是注意将自己打扮得干干净净、整整齐齐，虽然衣着仍旧不是很贵重，但是却给人一种神清气爽的感觉，他自己也感觉好像换了一个人一样，也比以前自信了很多。慢慢地年轻人的工作越干越出色，后来自己创建了公司，终于变成了让人刮目相看的富翁。

事实上，树立好印象不仅仅只是衣着方面的事情，它包括很多方面的内容，例如谈吐、精神状态等。从犹太商人的致富故事中，我们能够得到这样一个真理：想要推销自己的产品，必须要先推销自己，只有自己被客户所认同，他们才会愿意进一步考虑我们的产品。当我们跟客户进行商谈的时候，一个好的商人总是慢条斯理、温文尔雅，既表现了对对方的尊重也表明了自己的立场；而有的商人则说话语无伦次，或是给人一种低三下四的感觉，这样在商谈中很容易处于被动的地位，处处受到对方的牵制，这对商业发展是一种非常不利的情形。

另外，想要树立好的形象，还要注意言行举止的很多个小细节，例如称呼、手势、音调、措辞、坐姿等。这些看起来都是一些细枝末节的小事，但是有时却能将我们辛辛苦苦树立起来的好形象一举击垮，因此如果我们想要给别人留下一个好印象，就必须要将这些细节重视起来。在称呼上，我们要考虑关系的远近亲疏、性别、年龄以及相互之间的关系等；在手势方面，我们要注意空间大小，并且与谈话的内容相适应，如果手势动作幅度太大，很容易给人夸张的感觉，让人觉得我们并不是一个非常谨慎的人，另外还有很多小手势能够反映出内心的小情绪，如果我们不小心做了这些动作，很容易引起对方的误会；在音调方面，与人交谈时要注意语气的停顿转折，注意效果和内容，如果音调太过平淡，就会给人一种冷漠的感觉，难以调动对方参与谈话的积极性，很难拉近双方之间的距离；在措辞方面，用词要恰如其分，避免使用一些生硬、激烈的词语，给人一种泰然自若的感觉，这样对方就会感到非常舒适；在坐姿方面，我们要保持端庄，太过随意的坐姿会给人一种吊儿郎当的感觉，很难给人留下好印象。

总之，树立起好形象才能给人留下好印象，与人接触时，我们要时刻严格要求自己，争取用自己的言行举止给自己增加印象分。

第五节 自己认同产品，别人才能认同

如果你们的商品是市场上最好的，就要大声宣布：它是最好的。

——《塔木德》

《塔木德》中的这句话告诉我们，如果我们的产品质量在市场上没有谁能够超越，那我们就要自信地向人们宣布：我的产品保证是这个市场上最好的产品。这句哲言表面上看，是在说商品，可是智慧的犹太人实质上是在向我们表明一个人对产品自我认同的重要性。

犹太商人经常说，在商业经营的过程中，认同自己的商品是一件非常重要的事情，如果我们的商品连自己也无法打动，那么别人又怎会对商品产生信赖感呢？所以我们要坚定地相信自己的东西就是最好的，带着这种自信，才能以更好的状态推销自己的产品，让客户认为我们的商品就是最好的。在多少成功事例中，犹太商人总结出了一个非常重要的经验，那就是客户在判断商品的好坏时，往往不怎么关注商品本身，而是从推销员对商品的态度来判断，因此推销员对商品的认同在很大程度上决定了客户对商品的信心。

1982年，犹太商人那佛尔买下了化妆品公司“丽人”，只经过了短短的两年时间，他就创办了自己的“那佛尔公司”。他公司的主要业务就是销售美容护肤产品，产品的价格也比较平民化。为了创办这家公司，那佛尔花费了不少心血，为了筹集启动资金，那佛尔必须要尽快找到自己的合作伙伴，于是他拟定好了公司的发展计划，将其邮寄给一些潜在的投资人，以期引起他们的投资兴趣。

很快两个星期的时间过去了，内心焦急的那佛尔开始给这些潜在的投资人打电话，然后想尽办法想要跟他们约见一次。在他打电话的这几个潜在投资人中，有一个人给他的印象非常深刻，那就是沃迪森。

那佛尔拨通了沃迪森的电话以后，开始表明自己的目的：“您好，我之前给您寄过一份商业计划，今天给您打电话就是想谈谈关于那份计划的事情。”

“哦，那佛尔先生，那份计划我已经收到了。”

“您对那份计划感兴趣吗？如果可以，我们可以见面详细地谈一谈。”那佛尔问道。

“那当然好，您什么时候有时间见面呢？”沃迪森问道。

他的话太让那佛尔感到吃惊了，因为那佛尔从来都没敢想过，竟然如此轻松就约好见面。时间又过了一个星期，那佛尔去拜访沃迪森，准备好做一场精彩的销售演讲。走进沃迪森办公室之前，那佛尔已经做好了充足的准备，各种关于计划的文件、财务计划、图表等全部都拿在手中，在这些文件中，还有一份比较重要的文件，那就是关于当年对“丽人公司”的收购。

见面之后，那佛尔开始讲述他的这些规划，可就在他说到一半的时候，沃迪森就很直接地说道：“那佛尔先生，我想你说到这里就可以了。”

这突如其来的制止让那佛尔感到了无尽的挫败感，他想一定是沃迪森对自己的计划没有兴趣，想到这里，他内心中所有的勇气顿时都消失了。可是他越想越不甘心，他还没有好好推销自己的产品怎么就能半途而废呢！然而这只是那佛尔自己的想法，实际的情况并不糟糕。因为沃迪森微笑着说：“好了，那佛尔先生，我已经准备好给你的公司投资了。”他稍微停顿了一会儿又说道，“你需要多少资金都由我来给你提供吧，你别再找其他的合伙人了。”

他的话让那佛尔非常惊讶，甚至都忘记了询问这是为什么。沃迪森又停顿了一会儿，说道：“那佛尔，你知道我为什么会给你的公司投资吗？事实上，我看重的并不是你的公司，而是你这个人。两年前的一天，我去了一家百货公司，正好你也在那里。当时你在忙着推销自己的‘丽人’香水，当时你热情洋溢、自信满满地介绍着自己的商品，给我留下了非常深刻的印象。当时你的身边挤满了客户，‘丽人’香水的味道充斥着整个百货公司。顾客们纷纷抢购，你们也不断地收到现金，当时的情景实在是太震撼了，让我一直记忆犹新。我从来没有见过一个公司的老板可以这样放下身段，亲自参与到商品的销售中来。你是那样信任自己的产品，这一点让我非常感动，这就是我决定给你投资的原因。”

沃迪森又说：“我一看就知道你是那种能够成功的人。你为了成功，能够亲自去做每一件该做的事，这一点我是非常欣赏的。”于是，那佛尔所需要的资金全部筹集到了。

从那佛尔的经商故事中，我们就能够看出一个人对自己产品的认同可能影响整个公司的发展前途，如果我们在对产品进行宣传时，信心满满，那么客户就会想："既然推销员如此投入地推销自己的产品，一定具有非常大的自信，这个产品也一定错不了。"于是顾客心中的安全感也就这样产生了。如果我们自己在推销产品的时候，内心缺乏足够的自信，甚至怀疑自己的产品能不能卖出去，客户也会心生疑问："这种产品到底好不好呢?"于是大部分人就直接选择了拒绝尝试，还有一些人开始观望，这对公司的发展极为不利。

认同自己的产品是一种很好的推销技巧，只要掌握好这一点，那些潜在的客户就会对我们的公司和产品充满信心，有了这样的基础，我们还需要担心没人来投资吗?

第三章 沟通，让成功变得更加容易

经商成功的关键在于能否与客户进行完美的沟通。沟通顺畅，对方就会愿意掏出钱来，否则生意免谈。因此与客户进行良好的交流就成了商人们不断研究的课题。赞美是沟通的敲门砖，没有谁是不愿意被认可的。另外与人沟通还必须具备温和的脾气、热情的性格、诙谐幽默的说话风格、懂得设身处地为客户着想的换位思考能力，这样才能赢得客户的信赖。

第一节 赞美对方是一门沟通艺术

只要一起做生意，谁都是朋友。

——《塔木德》

《塔木德》中的这句话告诉我们，只要在一起做生意，无论是谁，大家都会是朋友。这句话看似简简单单，但是它却蕴含着非常深刻的经商技巧，它让我们明白，虽然生意场上到处都是利益，所有的关系都建立在金钱的基础上，但是在经商的过程中，我们仍旧需要像对待朋友一样对待我们的合伙人以及客户，以真诚的心态去面对，去赞美对方的优点，这样才能建立起更加顺畅、持久的合作关系，各取所需。如果我们与他人不能进行良好的沟通，生意就会受到巨大的影响。

在犹太商人看来，赞美是一种非常高的沟通技巧，因为每一个人都希望得到别人的赞美，这是人性使然。恰当的赞美可以让对方充分感受到我们的诚意，开始信任我们，逐渐培养起良好的关系。这种技巧在很多成功的犹太商人手中屡试不爽，已经成为犹太人的一种经商智慧。

玛丽是一位犹太人，她被邀请去参加一个制造商年会。这是一个高层次的年会，就连最后的颁奖晚会，她也参加了。在这个年会上，玛丽发现了一件奇怪的事情，那就是有好几个经销商都穿着同样的衣服——一件海军蓝的运动夹克衫。这些衣服做工粗糙，他们穿上去完全不合身，显然并不是为他们量身打造的。她实在想不明白，为什么这样一个高级的年会这些经销商会如此穿着。于是她就向公司的一个主管询问："这些人为什么都穿着一样的蓝色夹克衫呢?"

"这些人都是我们公司销售业绩最好的经销商。"对方回答。

于是，玛丽就一直等着有人出来致辞，对那些穿蓝色夹克衫的人进行表扬。年会接近尾声了，一位著名的演员给大家表演了一个节目，然后举办方就从天花板上撒下很多气球，这个时候，玛丽觉得应该马上就到了颁奖时刻，可让她出乎意料的是，年会就这样结束了。玛丽感到诧异极了，连忙问主管："难道你们不给那些业绩好的经销商颁发奖品吗?"

"奖品？我们早就发到他们手中了，那些蓝色的夹克衫就是奖品。"

对于这种做法，玛丽感到非常不解，既然是公司的年会，为什么就不能表扬一下那些业绩优秀的经销商呢？在她的公司中，这种情况是永远都不可能出现的。玛丽是一个注重激励员工的人，只要有机会，她就会对他们大加赞美，让那些成绩优异的员工站到领奖台上接受众人的掌声。她觉得这种激励的作用要远远胜过单纯地颁发奖品。

玛丽的公司为了表扬那些优秀的员工，专门创办了一份刊物，名字叫作《掌声》。这份刊物采用彩色印刷，发行量非常大，简直可以跟全国性的杂志相提并论。这份刊物就好像一个表扬榜一样，只要有谁在工作中有突出的表现，就会被记录到刊物中去，上面刊登着他们的照片。有了这种表扬方式，员工们工作的积极性都非常高，给公司创造出了很高的利润。每一个人都渴望被赞美，这是人性的特点，它能够让人心情舒畅，尤其与人进行沟通的时候，赞美往往会取得意想不到的效果。

当然在赞美别人的时候，我们也应该注意一定的方法与技巧。首先，我们进行赞美的时候要选择对方喜欢的人或事。通常来说，一个人最看重的东西往往能打动他的心，当我们进行赞美的时候，对方就会非常乐意接受，不管是为我们拼命工作，还是为我们投资，都会心甘情愿。在赞美中有一个大忌，那就是无中生有。如果我们对没有的东西一通夸赞，反而产生一种阿谀奉承的感觉，让人反感，这对商业发展反倒不利。其次，赞美一定要表示出真诚和自然，由衷的赞美和虚情假意的赞美所取得的效果天壤之别。我们之所以要赞美对方，就是想让对方感到高兴。所以我们在赞美对方的时候，不能矫揉造作，否则就会适得其反，引起对方的不高兴。人与人沟通最看重的就是真心实意，如果对方觉得我们的夸赞另有所图，就会对我们提高防范，反而不利于成功。再次，赞美要措辞准确，恰到好处。凡事都要有个限度，即使是夸奖对方的优点也要适可而止，掌握好一个限度，当赞美别人已经成为一种说话习惯，对方也就习惯了这种沟通方式，甚至开始反感这种赞美，一旦对我们形成这样的情绪，即使我们再与其谈生意，对方也不再愿意倾听了，这就给沟通造成了障碍。最后，赞美要选择好时机，再动听的话也要选在合适的时机说，如果对方正心绪不佳，这时你任何赞美之词在他耳中都是聒噪，会让对方的反感情绪更加严重。如果我们能掌握好时机，沟通的效果就会更好。

因此我们在学习犹太商人的赞美技巧时，要懂得灵活掌握和运用，不能简单地套用一些成功人士的做法。只要我们完美地掌握了这套沟通技巧，将来在致富的道路上就会走得更加轻松一些。

第二节　商人需要具备一副好脾气

人的性情有四种：

容易被激怒也容易平息的人——他的所得被其所失抵消了；

很难被激怒也很难平息的人——他的所失被其所得抵消了；

很难被激怒却易平息的人——圣人；

很易被激怒却难平息的人——恶人。

——《塔木德》

《塔木德》中的这几句话告诉我们，一个人容易被激怒，也很容易被平息，他所得到的东西就被失去的所抵消了；而很难被激怒，一旦被激怒又很难平息的人，他所失去的也就会用得到的东西来弥补；如果一个人很难被激怒，也很容易平息，那么这个人就是个圣人；而那很容易动怒，又很难平息的人，就是十足的恶人。这几句话不仅是说一个人的喜怒对得失的影响，同时也向人们表明了一个道理，一个人想要得到更多，就必须要做一个很难被激怒，又容易平息的人，换句话说，也就是我们要有一个好脾气。

犹太人十分注重好脾气，认为一个人应当从小就养成平和、忍耐而安宁的性情，对自己的一切都能够坦然面对，使自己始终处于一个和谐的状态。尤其对于商人来说，拥有一副好脾气具有十分重要的作用。很多犹太商人的成功都得益于自己的好脾气。

一个年轻的中国人去了南非，那里到处都是车行，为了招揽生意，他们纷纷在自己的门店上挂起鲜艳的旗帜，上面写着各种车辆的型号。年轻人走进一个非常繁华的市场，刚进一家店的大门，一位漂亮的黑人小姐迎面走来，简单招待之后就去把经理请了出来。

这位经理是一个白皮肤的年轻人，眼睛深邃、头发整齐，看上去一副十分干练的样子。之后，他们互相交换名片，这位经理就是杰夫博士。

杰夫说自己出生在耶路撒冷，是一个犹太人，在英国读完大学之后取得了博士学位。他来南非做生意已经有十年的时间。两人的交流十分融洽，杰夫说，作为一个优秀的商人，要善于发现每一个商机，并且根据各种条件将其利用好，这样一来，一笔财富就即将到来了。

杰夫说："在南非，人们向来是以车看人的。"之后他又表示，在南非，奔驰、劳斯莱斯等车都是社会身份和资产能力的象征。后来，年轻人看见一台奔驰新型车，他停下来看了一下，并且询问了这款车的车况，没想到，杰夫很快就对年轻人展开了推销攻势。他先是给年轻人介绍了车的各种情况，然后又邀请他坐在副驾驶的座位上，开车带他去体验。杰夫的举动让年轻人感到非常诧异，自己只是一个普普通通的顾客，也没有明确表示想要购买，但是杰夫却拿出一副非常好的脾气来进行服务，给人展示出一种无可抗拒的推销力量。

后来年轻人感觉这款车的价位有些高，于是杰夫又将年轻人带到了宝马车的跟前。看到年轻人仍然没有要买的意思，于是又开始介绍其他款式的车辆，从始至终都没有一点儿厌烦的意思。时间过得很快，转眼两个小时过去了。年轻人说要回去商量一下，于是杰夫又邀请年轻人在车行共进午餐。

虽然杰夫非常耐心地向年轻人推销各种车型，但是最后年轻人还是什么都没买，因为这些车都价格不菲，年轻人根本承受不起。尽管杰夫的服务并没有得到任何回报，但是年轻人却深深地记住了他。之后，年轻人成了一个有钱人，他在杰夫这里买了好几款汽车，不光如此，他还将身边的有钱人都介绍给杰夫当客户，这给杰夫带来了非常可观的收入。

年轻人身边的人很不解："为什么那么多车行，你偏偏要选择这一家呢？"年轻人微微一笑："因为他有一副好脾气，当年我没钱买车，他并没有因此而不愿接待我，给了我充分的尊重，只有这样和气的人才能够享有成功。"

这个故事对我们的经商活动有着重要的启示作用。好脾气在人际沟通的过程中是一种有效的融合剂。在商务活动中，好脾气更是一种推销手段。因为人是群体动物，对人际关系十分看重，人们常常会将对一个人的看法带到生意中去，从而对事业发展造成较大的影响。犹太商人很早就领略到了这个道理，将好脾气看成他们发财致富的关键因素。

明白了这一点以后，我们在日常生活中就要学会克制自己的脾气，尤其是在面对顾客的时候，更要谦虚温和，笑脸相迎，这样对方才会愿意与我们做生意。然而有很多人并没有看到这一点，事业上稍有成就之后就开始骄傲自满，根本不将零星客户放在眼中，觉得这只是蝇头小利，殊不知，千里之堤，溃于蚁穴，任何一个不经意都可能造成非常严重的后果。我们要想成功，就必须对每个人、每件事都持有一副好脾气。

第三节　己所不欲，勿施于人

为他人着想就是为自己铺路。

——《塔木德》

《塔木德》中的这句话告诉我们，有些人在做某件事情的时候，表面上看是在为他人着想，实际上最后帮到的却是自己。它意在让我们明白一个道理，那就是我们要做一个善良的人，如果我们真心为别人付出，或许就会有意想不到的收获。如果我们在生活中还无法达到处处为别人着想的境界，那至少可以做到己所不欲，勿施于人，这样也能与他人构建起和谐的关系，给自己的人际交往带来好处。

犹太人很早就看重这一点，在他们的文化中强调人与人之间要建立友善而健康的关系。尤其在经商过程中，更注重对这种关系的建立，因为只有大家都处于心平气和的状态下，才能更好地谈合作、谈发展。这在人与人的交往中是一个“双赢”的策略。

凯莉要代表公司去与一位客户进行一次商业谈判，这次合作对于凯莉的公司而言非常的重要。所以在准备这次谈判的过程中凯莉非常地用心。在前期了解对方情况的过程中，凯莉了解到对方的谈判代表是一位个子比较矮的女士，而凯莉则有着超过一米七零的身高。

谈判当天，一向喜欢穿高跟鞋的凯莉穿了一双平底鞋去参加谈判，这让她的助理感到非常的不解。到了谈判的会议室，凯莉与对方代表握手致意，此时的凯莉与穿着高跟鞋的对方代表身高相仿，对方那位谈判代表看到穿着平底鞋的凯莉，顿时感觉出了凯莉释放的善意。在整个谈判过程中，对方代表并没有刻意刁难，谈判进行得非常顺利，只有凯莉和对方代表明白，这双平底鞋对谈判成功起了多么大的作用。

帮助别人就是在为自己铺路，然而很多人不太明白这一点，只注重眼前利益，追求自己的舒适，结果却让自己受到了伤害。

从前，有两个犹太人结伴要从一个山区走过。山脚下有一个村庄，他们从那里经过的时候，村民将他们拦截下来，非要他们吃下一种酸涩的苦果才能通过。因为语言沟通不畅，他们也不知道为什么必须要吃下这种果子，以为这是村民们故意刁难他们。可是为了从村子通过，他们也只得把果子吃完。其中一个人咬了一口，觉得实在难以下咽，于是就对另一个人说：“我肚子不舒服，这些果子你都吃了吧！”虽然另一个人也不想吃，可为了照顾同伴，他只好强忍着吃完了所有的果子。村民见到空盘子之后，就给他们放行。

山路崎岖，他们发现路边生长着一种奇怪的草，他们走过时很轻易就被划破了腿。走了没多久，两个人的腿上就有了很多伤口。虽然都受了伤，但是两个人的精神状态却完全不同。没吃果子的人浑身奇痒难忍、精神不振，而吃了果子的人却跟平时一样。这时他们才明白，或许刚才的果子就是这种草毒的解药。

这两个故事深刻地向我们揭示出，事事谦和忍耐并不见得就是一件坏事。这种精神是犹太民族文化中一个典型的特征。它的形成不仅受传统文化的影响，同时还与这个民族长时间遭受迫害、颠沛流离有关。在一般人看来，犹太民族不断遭受到驱赶，时常更换住的地方，在这种情形下，他们很难形成一种长期稳定的性格特征，但是事实却并非如此。他们看重信誉，注重质量，所生产的产品经得住任何一种考验。他们之所以会成为这样的民族，就是长期受文化习惯熏陶的结果，或许他们的这种精神也是在流亡不定的生活和各种商业活动中总结出来的经验，明白和善处世是重要的经商之道。

现如今，很多人羡慕犹太商人聪明的头脑和优异的经商成绩，但是对他们的经商之道却鲜有学习，尤其是对他们这种通过帮助别人来实现自己进步处世的方式更难以理解，以至于在生活中，很多人把自己不喜欢的东西强加给别人，把看似毫无益处的生意送到别人的手中，好让自己有机会去寻找更多的致富商机。殊不知，任何生意都是由人来经营操作的，如果我们不能建立起良好的人际关系，那生意也必将会受到影响。所以我们在做事情的时候，不能事事都只是想着自己眼前的利益，把自己不喜欢的事情推给他人去做，这样最终会在致富的道路上失道寡助，从而导致失败。

第四节　与客户沟通要注意说话的趣味性

要把赚钱当作一件寻找快乐的事来做，否则别去挖空心思。——《塔木德》

《塔木德》中的这句话告诉我们，如果我们赚钱的目的并不是寻找快乐，那就完全不用绞尽脑汁去思考，也就是只有我们把赚钱当成一件快乐的事情来做，它才值得我们去付出更多的努力。事实上，从这句话中，我们也能够看出犹太人的经商智慧，他们把赚钱变得更加有趣味性，从而才吸引了无数的合作伙伴或客户。

在犹太人看来，一个漂亮的开场白是为了吸引客户，让他们有兴趣继续商谈。而充满趣味的谈话则是维持客户兴趣的重要手段。然而很多人并没有将这一点重视起来，以至于刚开始的时候，商谈的双方相谈甚欢，但是渐渐地，客户就对商谈失去了兴趣，他们告诉商人自己没有时间来合作，或者是完全没有意向来合作，从而导致商谈失败，就连漂亮的开场白也都变成了无效的付出。因此注意与客户沟通的趣味性是影响生意成功的重要因素。

杰比西是一家食品加工机械厂的推销员。每天他都在大街上奔波着寻找商机，希望自己能够成功推销出自己的产品。

一天，杰比西从一家小吃店门前路过，看到这家店的生意非常火爆，觉得这可能是一个商机，于是就走进店中。这个时候，老板正在忙着做包子，而老板娘则热情地接待了他。当杰比西明确表示自己不打算买东西的时候，老板娘一下子对他没有了兴趣，于是开始忙自己的事情，不再理会他了。

杰比西自己尴尬地待在一边，不知道如何是好。于是他决定跟老板找个话题聊聊。见老板在包包子，他想就从包子入手比较好。他买了 10 个包子交代老板打包，另外又买了两个放在盘子里吃。他一边吃包子，一边跟老板闲聊起来。

“老板，您的包子味道真不错，馅儿也特别鲜，一点儿黏牙的感觉都没有，这可是别的包子店所做不到的，您有什么诀窍吗？您选用的是哪种材质的蒸笼呢？您做的豆沙包也非常好吃，那豆沙很甜，但是完全不腻，这是不是与您选的糖有关系呢？”杰比西一下子问出了一大串问题。

听到杰比西与自己聊包子的事情，老板的话匣子一下子打开了：“先生，你的评价可真高。不瞒您说，包子好不好吃，关键是要看馅儿，里面是一点儿都不能掺入汤水的。你对我们的包子这么有看法，果真是一个懂行的人！”

听到夸赞之后，杰比西赶紧说：“您过奖了，是您的包子做得太好吃了。”

“我这里的包子完全是手工做的，跟那些用机器做出来的不一样。我想这一点您应该是知道的，机器的工作效率虽然很高，但是它的味道却不如手工做的，现在的顾客最喜欢吃的就是手工包子。

我们做生意的，最大的心愿就是让顾客满意。”

说到这里的时候，老板好像突然想起来什么一样，问道：“对了，你刚才进门的时候跟我太太说什么了？”

“哦，没什么。我今天来这里是帮朋友买包子的。可是看到您那么忙碌，所以就想，或许我能给你介绍一个好助手，因为我是一个食品加工机械厂的推销员。哟，我刚才还没有注意到，那边的盆景是您培养的吗？”

“是的。”

“没想到你也是个喜欢盆景的人。我也刚好有这个爱好。”杰比西说。

“您刚才说的那个好助手呢，哪里的助手？”老板迫不及待地打断了杰比西的话问道。

“先生，我说的好助手就是我们工厂的绞肉机，它可以让您省不少功夫呢！”杰比西回答道。因为两人相谈甚欢，老板很爽快地答应了要买他的机器。就这样杰比西的生意做成了。不光如此，他还跟老板结交成了朋友。

故事的主人公杰比西之所以能够成功，就在于他懂得把握谈话的趣味性。他每次问到的问题都是老板非常喜欢和关注的问题，所以让老板在熟悉的空间内享受到了极大的满足感和趣味性，于是不停地想要跟杰比西进行交谈，最后很爽快地就购买了他的机器。

在经商的过程中，占据主要地位的永远是掏钱的那个人，也就是客户。作为商人想要赚钱，就必须要拿出绿叶配红花的精神，这样才能彰显出客户的重要性，将他吸引到生意中来。如果商人忘记了这一点，将自己作为中心去展开谈话，处处围绕自己的喜好，例如不管客户爱不爱听，只是一味地说自己的事情；不停地夸赞自己的产品是最好的；谈话过程中，只顾抒发自己的感受，完全不在意对方的态度等。这些谈话方式通常都不是客户所喜爱的。他们会觉得“这个人太过于自我，跟他交流简直太无趣了，即使做生意赚钱也不想跟这种无趣的人合作”，这样一来，生意必定会受到影响。

关于这一点，犹太商人有自己的谈话技巧，他们说：“在与人交谈的时候，首先要选择一个有趣的话题，当自己得到客户的认可以后，再将话题引向自己的商品，这时对方就会觉得赚钱并不只是机械式地营利，其中还有很多有意思的事情，这样的方式更加有利于成功。”因此，我们必须要学习犹太商人的这种智慧，让赚钱的方式灵活起来。

第五节　用热情沟通才会赢得信赖

一个人应该热爱而不应该厌恶工作。

——《塔木德》

《塔木德》中的这句话告诉我们，对于工作我们要抱以极大的热情，不能有丝毫厌恶之意，这样才能更好地迎接成功。对工作热情包含很多内容，其中对客户热情是至关重要的一个环节。

犹太人认为，不论从事什么行业，想要取得成功就必须要对工作拥有足够的热情，尤其是推销行业。推销商品换言之就是让对方拿出钱来，这种工作难度是极高的，它需要常年辛苦劳作，到处奔波，不仅如此，还经常遭遇客户的闭门羹，这份工作无论是从体力还是精力上来说都对人的工作情绪提出了很高的要求。由此可以想像，一个商人想要成功是需要多么大的工作热情。

克莉斯是一个工作热情极高的犹太商人。她从事的行业是汽车展销。她经常说："我们每天面对的客户都是活生生的人，他们有自己的想法和情感，也有自己的各种需要，当我们想要他们得到满足的时候，就要时时刻刻想到这些，用自己的热情打动客户，使他愿意同我们做生意，信任我们，这样生意才能顺利完成。如果我们一心想的只是自己的营业额，全然不顾顾客的心情，冷漠地对待对方，那么很难赢得客户的心。”

一天，一位中年妇女来到了克莉斯的汽车展销室。克莉斯非常热情地接待她。不过这个顾客非常坦诚，说自己只是想在这里打发一点儿闲散的时光，顺便看一看车子，因为她已经跟大街上的销售员约定好了想要买一辆福特汽车，不过他们一小时后才能见面。她告诉克莉斯，自己已经选定了心仪的车子，是一辆跟她表姐一样的白色双门厢式福特汽车，后来她还高兴地告诉克莉斯，今天正好是她 55 岁的生日，这辆汽车就当是生日礼物送给自己。

听了她的话，克莉斯马上说：“夫人，祝您生日快乐。”说完，她就叫来自己的秘书，在她耳边交代了几句。等秘书离开以后，克莉斯对这位中年妇女说：“夫人，既然您来了，也正好有空闲时间，那就让我给您介绍一下我们这里的一款汽车吧，它正好也是一款白色双门厢式轿车。您可以做一下对比。”

过了一会儿，克莉斯的秘书回来了，手里捧着一大束玫瑰花。克莉斯接过花马上转送给了这位中年妇女，很热情地说：“尊敬的夫人，祝您生日快乐。”

“哦，已经很长时间没有收到过别人的鲜花了，真的感谢。”中年妇女眼眶湿润，非常感动。之后她们就开始闲聊，再一次说到了白色的汽车。很显然，这位妇女对她之前认识的推销员非常不满。她说：“那个推销员真的是太让人生气了，他对我的态度实在是太傲慢了，或许是我开着旧车的缘故，他以为我根本买不起新车。我还在那里看车，他就急着出去收取一笔欠款，把我晾在那里，说让我等他回来。我无聊死了，所以到你这里面转一转。”

后来克莉斯就开始给这位妇女介绍汽车，结果可想而知，她很快就征服了中年妇女的心，成功地将汽车卖给了她。

最后，克莉斯说：“在推销产品的过程中，没有哪一位客人愿意遭受冷漠的对待。如果推销员对顾客并不热情，那么顾客自然就不愿意再支持你的生意，最后导致失败。”

如今市场竞争激烈，如果我们不能以热情的态度去与客户沟通，对方就会转去其他的商人那里，这对我们来说就是一种利益损失。所以对顾客保持应有的热情是生意成功的关键。当然这种热情必须要有一个前提，那就是要保持应有的真诚。

真诚的热情往往会让客户感到开心，觉得我们是在真心实意地帮助他们，是从他们的角度去考虑问题的，而不是一味地想要赚取他们的钱财。有时候，过分的热情会让客户产生一种谄媚的感觉，对我们产生反感，从而给生意造成不利的影响。所以当我们面对客户的时候，首先要从他们的需求上进行考虑，帮他们热心地参谋，真心实意地给出意见，仔细地帮他计算价格，尤其是多种产品存在价格对比时，客户会感到更加迷茫，这时我们就要帮助客户选择性价比更高的产品。这样一来，他们就能感知到我们的真心，愿意与我们构成合作关系，从而使得我们的销售业绩逐渐攀升。

在恰当的时机对顾客表达自己的热情，往往能够取得意想不到的好效果。当客户心绪不佳的时候，他们的内心是极其脆弱敏感的，这时我们真心实意地对待他们，就能使他们感受到关爱，首先从人情上，我们就为自己争取到了机会，这将为之后的工作开展做出非常好的铺垫。一个客户被我们感动，他会将自己身边的亲朋好友都带动起来，这种影响力是不可估量的。很多成功的商人在创业之初就是依靠这种热情，不断地积累人脉，最后将公司发展壮大。与之相对应，一个人如果对客户冷漠，一心只想谋利，那么他的名声也会远播，进而影响到个人的发展。犹太商人常说：“热情的力量真大。当它被激发出来，并且不断用自己的信心去补充的时候，这种力量是不可抗拒的。”

因此，对客户热情以待，我们才会赢得信赖、赢得成功。

塔木德财富基因是怎样炼成的

第四章 找对方向你才能赚到钱

在致富的道路上我们总能看到这样一类人，他们辛苦拼搏，努力奋进，结果却差强人意。究其原因就是其努力用错了地方。虽然合法的生意都能做，但是个人擅长的行业却是不同的，如果我们具有创新的头脑，能够找到与众不同的挣钱方式，固然很好；如果我们找不到致富的方向，倒不如选择一些容易赚钱的门路。

第一节 关于吃的生意更好做

嘴巴是消耗的无底洞。

——《塔木德》

《塔木德》中的这句话告诉我们，人们每天都需要吃东西，嘴巴就好像一个无底洞一样永远填不满。犹太商人很早就发现人们的嘴巴就是一个致富的商机，经营吃的东西可以保证赢利，因为民以食为天，无论是生理上还是精神上，人们都离不开食物，所以他们经营各种食物店铺，例如食品店、肉店、粮店、咖啡店等，满足人们的食用需求之外，为自己谋取更大的利润空间。

世界人口众多，吃的生意市场潜力非常大，于是犹太人坚信，赚嘴巴的钱一定非常容易。事实上他们大多数也正是依靠吃的生意在异国他乡站稳了脚，打拼出了属于自己的一片天地。美国的犹太人辛普洛特就是这样一个靠食品生意发家致富的人，他是世界上知名的富翁之一。他主要经营的食品就是土豆。

第二次世界大战爆发以后，辛普洛特通过渠道获得消息，称部队需要大量的脱水蔬菜。他觉得这是一个绝好的致富商机，于是就开始筹钱，将美国最大的一家脱水蔬菜公司买了下来。他的这个公司专门大量收购土豆，然后加工脱水，供应给军队，于是辛普洛特便打开了自己的财富之路。

20 世纪 50 年代初期，一家公司的化学师研究出了一种新产品——冻炸土豆条。可是这个产品刚问世，完全没有引起人们的重视，甚至还有人对这种发明产生了质疑。他们表示，在一个土豆中，大约有四分之三都是水分，如果把它冷冻起来，到时候就会变成一堆软软的东西，根本没有办法去做什么土豆条。就在大家对这种发明都持怀疑态度的时候，辛普洛特却觉得这种东西非常不错，应该会有非常不错的市场前景，于是他决定要尝试一番，哪怕失败也在所不惜。于是他开始大量生产，结果这种“冻炸土豆条”深受广大顾客的喜爱，一时间为他赢得了巨大的利润。

慢慢地，辛普洛特发现，制作冻炸土豆条对土豆的利用价值并不是最高的，它还存在着很大的潜在价值，因为制作冻炸土豆条的工序十分烦琐，需要分类、去皮、切条、去斑点，这些工序完成之后，大约有一半的土豆都被浪费了。看着这些被废弃在河沟中的土豆，辛普洛特感到非常可惜，他想如果能对这些剩余部分进行加工利用，那就太好了。经过调查研究，他觉得把土豆的剩余部分掺入牲口饲料中是一个不错的选择，等这个计划真正实施起来的时候，他仅仅用土豆皮就饲养了 15 万头牛，所产生的利润可想而知。

1973 年，辛普洛特又迎来了一个致富的商机。当时石油严重短缺，人们急需要研发出各种替代能源。为此，辛普洛特赶紧用土豆制造出以酒精为主要成分的燃料添加剂。这种添加剂具有一个明显的优势，那就是可以降低汽油燃烧所造成的污染，当用在辛烷燃料中时会提高燃料的利用率。因此这种添加剂刚一问世就十分畅销。即使这样，辛普洛特仍旧没有感到满足，为了做到物尽其用，他又把加工土豆用剩下的废水用于灌溉农田，这种水含糖量非常高，对农作物生长具有很大的好处。他还把牛粪收集起来，供沼气发电厂使用。

辛普洛特用土豆给自己构建了一个超级大的财富王国。每年，他公司加工过的土豆要销售 15 亿磅，其中绝大部分都销售给了快餐店，那里的炸土豆条深受顾客朋友的喜爱，当然大家也给了他最直接的回报，那就是每年 12 亿美元的经济收入，这份高利润使他摇身变成了一位大富豪。

在回顾自己的创业历程时，他说："在我的创业人生中，我一直在追寻着两条非常简单的人生准则，那就是放眼大处和不浪费任何财物。"

辛普洛特的人生准则给我们带来了巨大的启示，我们应该看到食物的巨大市场潜力，这是一个值得放眼远看的生意场，因为只要有人的地方就不能少了饮食业。这个产业是永远都不可能衰退的黄金产业，是巨大的财富之源，只要我们掌握好人们的喜好与需求，然后去提供相应的产品，那么我们就能够在商场上立于不败之地。

然而现在很多人对饮食行业并不是很懂，觉得吃的东西大多都不是很贵，比起房地产等大型行业，致富速度太慢，于是不太看好饮食行业。事实上这是一个非常稳定的市场，属于积少成多、稳扎稳打的生意，房地产等行业都有投资的风险，但是无论到了什么样的社会情形，人都是要吃饭的，所以餐饮的风险很小，因此对于那些启动资金不足的生意人来说，这是一个非常不错的行业选择。我们应该学习犹太人的精神，从人的嘴巴里给自己寻找财富。

第二节 爱花钱是女人的天性

让女人掏腰包的机会远比让男人掏腰包的机会多。 ——《塔木德》

《塔木德》中的这句话告诉我们女人在消费方面的需求要远远多于男人。犹太商人从这句哲言中读出了商机，他们纷纷将女人作为主要的目标群体，开始想方设法地去让女人掏腰包。他们认为，想从男人身上挣钱，其难度要比以女人为目标大十多倍，做生意时，只要打动女人的心，那么生意就成功了一大半。

从以往的生意场来看，经营女人用的各种东西都有着相当大的利润空间，例如衣服、项链、戒指、钻石、香水、口红等，只要商人肯动脑筋研究女人的需求，大多数人都能够取得成功。犹太商人沙克尔就是一个成功的例子。

沙克尔是一个懂得利用女性需求赚钱的商人。他做生意有自己一套独特的方式，是日本相当有名的富翁。

东京银座是日本非常繁华的地段，沙克尔看准了这个地段，在这里开了一家百货商店，经营的产品大多数都是为女性服务的。不过在店铺设置上，沙克尔想了一个与众不同的办法，那就是把女性用品按照不同的使用对象分开，把正常的营业时间也分成白天和黑夜两个部分，这样不停地转换商品给人们带来巨大的新鲜感，营业额直线上升。沙克尔白天在百货商店陈列的都是一些实用性很强的商品，例如家庭主妇感兴趣的布料、衣服、手工艺品、厨房用具等。到了晚上，整个商店的货品就大变样，摆放的全部都是一些时髦的东西，完全符合年轻女性朝气蓬勃的精神状态。他的商品种类非常齐全，有年轻女性喜欢的内衣、迷你裙、香水、时尚用品等，深受女孩儿们的喜爱。另外如果有人提出自己的需求，沙克尔就会尽力满足，以便吸引更多的女性前来光顾。

沙克尔别出心裁的经营方式取得了非常不错的效果，愿意光顾他商店的客人也与日俱增，面对顾客迫切的消费需求，沙克尔觉得现在的规模是远远不够的，因为营业面积太小，很多顾客需要的东西都无法摆放。这时候，摆在沙克尔面前的是两个选择：一是维持现状，保留稳定的客源，赚取一份稳定的收入；另一个就是扩大规模，并逐渐向专业化发展，只专注一种商品。针对这两种选择，沙克尔进行了非常慎重的思考，他觉得如果保持目前的状况，产品必将无法满足所有客户的需求，很有可能就会造成客流量的损失，甚至开始走下坡路，但是撤去其他商品走专业化路线的风险也非常大，不过在一方面专注很可能就会取得非常好的效果，能够发展得更加长远。最后，斟酌再三，他决定专业售卖女性内衣和袜子。

刚开始换产品的时候，那些老顾客都感到非常不可思议，为什么一个经营状态很好的公司要这样改革呢？面对大家的质疑，沙克尔的决定丝毫没有动摇，他坚信自己做出的改变一定能够成功。当然，没用多长时间，沙克尔的店铺又赢得了好名声，他注重产品款式和质量，比市场上同类产品的价格优惠很多，于是很快吸引了大批的女性前来光顾。例如在其他商店中，某款袜子卖250日元，而他只卖200日元，并且还增加了同类袜子的款式，注重薄利多销。使用了这个手段以后，不到两个月时间，沙克尔袜子的销售额就足足增加了5倍，也为自己的店铺积攒了更多的客人。

有了销售袜子的成功经验之后，沙克尔又开始在内衣上有所计划。当时流行的女士内衣样式还比较陈旧，并没有什么新的款式，于是沙克尔从美国购进了一批款式新颖的内衣，这些都是在国外非常流行的款式。之后，他开始大力地做宣传，很快大家都知道沙克尔的店里有款式新颖的内衣，于是纷纷前来抢购。慢慢地，大家来沙克尔商店买东西已经成了习惯，很多人都成为这家商店的铁杆儿顾客。

长期以来，沙克尔专注于为女性顾客服务，因为他觉得让女性掏钱相对来说是一件难度较低的事情。于是他认准了这个行业，公司不断发展壮大，最后分销点多达一百多家，已经极具规模。沙克尔独到的眼光让自己成为一个大富翁。

从这个故事中我们能够知道，做女人的生意是非常正确的选择。放眼我们如今的产品市场，女人的产品琳琅满目，各种华丽的包装充斥着人们的眼球，各种护肤品、香水、服装、鞋帽等，让人挑起来眼花缭乱，人们早已将赚钱的目光锁定在女性身上。

犹太人在经商方面具有极高的天赋，我们应该积极地学习他们的创业思想，学习《塔木德》中的哲理，用长远、独到的目光去赚钱，这样我们很有可能聚集起巨大的财富。

第三节 好产品配得上高价格

禁止在销售商品时附上任何名不副实的称号。

——《塔木德》

《塔木德》中的这句话告诉我们，无论生产任何产品都要保证质量，不能以次充好。这句话不仅教育人们要做一个诚实守信的人，同时还给商人们以启示，如果我们想要成功地做生意，那么就要把好商品质量关，因为好产品才能配得上高价格，而生意就是一场价格战，只有赢得好的利润，我们才能够成功。

犹太商人之所以在商场上大放异彩，这与他们注重产品质量是分不开的。产品可以薄利多销，也可以高价少销，但是无论哪种产品，无论售价高低，质量是必须要保证的，这是一种重要的经商技巧。从现在的市场来看，人们喜欢追求高品质的名牌产品，品牌效应非常明显。这些品牌一方面质量好，另一方面其价格也高。人们将好产品配上高价格来巩固名牌的地位和优势，使得消费者纷纷购买，为自己赢得很高的利润空间。

犹太商人特尔曼在美国洛杉矶经营珠宝首饰的生意。最开始的时候，他的生意并不是很好，因为他的门面很小，产品也没有自己的特色和优势，所以前来购买的人很少。为了改变这一经营状况，让自己的生意起死回生，特尔曼重金聘请了一位高级的设计师，设计并打造了一个当前世界最流行的款式，并且一下子生产了1000多件。这些产品每件的成本高达500美元。

产品生产出来以后，为了打开市场，特尔曼决定以低价吸引客户，于是将每件饰品的售价定为800美元，这个价格相对于市场上同等质量的产品价格要低很多。虽然赢利空间并不大，但是特尔曼心中却对这批产品寄予厚望，希望能够给自己建立起巨大的客户群体。因为这样优质、价格低廉的产品或许在整个纽约也没有几家商店销售。

产品开始出售时，特尔曼亲自上阵做宣传，展开了非常大的阵仗，但是半个月的时间过去了，人们好像完全没有注意到这个店铺一样，前来光顾的人根本没有多少。这样的状况特尔曼根本就没有想到，他想："难道是因为价格还有点儿高吗？"于是他决定再将价格下调50美元。可是转眼又过去了半个月的时间，还是少有客人前来光顾。这下特尔曼彻底恼怒了，没想到自己已经做到了物美价廉，大家还是那样不捧场，不甘心自己的好东西就这样滞销，于是一气之下，他决定每件200美元清仓甩货，他想这下总该会有人来捡便宜吧！然而这一次他又想错了，大家还是对这批款式新颖的首饰非常漠视。

经过这么长时间的宣传推销，特尔曼已经彻底丧失了信心。他再也不想去思考什么降价销售的事情了。他让店员在店铺门前挂上一个牌子，上面写着"出售世界流行前沿的首饰，每件500

美元”。之后，特尔曼就抱着爱买不买的心态去经营。他怎么也没有想到，在这样繁华的城市，人们竟然不愿意花这么点儿钱来买好东西。

广告牌挂出去以后，顾客们发现价格比之前的200美元上调了很多，于是开始进店参观，大家看见那些市面上从来没有见过的款式都非常兴奋，有的人甚至一下子买下好几件。看着大家争相购买的样子，特尔曼实在是太震惊了。他怎么也没有想到，之前价格低的时候无人问津，如今价格涨上来了，反而抢着来买。于是赶紧把门口的那块牌子拿回来研究一下。这下倒好，看到牌子后他大吃一惊，原来他说的是500美元，但是那个粗心的店员不小心写成了5000美元，价格整整高了10倍，正是这个高价格把顾客纷纷吸引到了这里来。时间很快就过去了，特尔曼的1000多件首饰销售一空。原本让他无望的东西一下子给他带来了一笔巨大的利润。

从这件事中，特尔曼也琢磨出了一个新的经商技巧，那就是用好产品去配高价格，这样才能满足消费者的心理需求。他经营的首饰是流行款式，是年轻女士们的最爱。但是年轻人有一个显著的特点，跟朋友相处，自己佩戴低价的首饰感觉很没面子，只有高价的东西才能让她们显得更加气派，所以价格抬高以后，这些首饰反而成了炙手可热的产品。

人们的生活水平在提高，我们经商时也要及时地转变思路，不能一味追求价廉，因为大多数消费者的心态已经发生改变，那些价格低廉的东西，人们已经形成了一种固定的印象，觉得价格低质量一定不好，所以不愿意接受这样的产品，他们不仅要高质量，而且还愿意为此付出高价格。只要抓住消费者的这一心理特征，就不愁卖不出好质量、高价格的东西。

第四节 有钱人的钱要好赚一些

名贵的商品都是给财主们准备的。

——《塔木德》

《塔木德》中的这句话告诉我们，通常情况下，只有财主们才舍得去购买那些名贵的东西。因为财主手里往往握着很多钱，只要他们愿意即使有时商品价格很高，他们也会为了满足自己的爱好或者是虚荣心而购买，例如钻石、豪车、豪宅等，这些东西价格不菲，但是纷纷成为有钱人的囊中之物，因此越来越多的商人将目光投向这些花钱毫不含糊的财主，打起了他们的主意。

犹太商人很早就发现了这个致富的窍门儿。他们觉得，一个国家中，虽然有钱人相对于穷人来说很少，但是这一少部分人却持有大量的货币，所以他们的消费能力很高，如果将他们作为主要的消费群体，那么赚钱相对来说就会容易很多。

阿卡德是一位美籍犹太人。第二次世界大战刚一打响，他的父母为了免遭战争的侵害，就来到了美国，然后在美国生下了他。虽然阿卡德没有经历战争的残酷，但是生活并没有厚待于他。就在他上初中的时候，父亲不幸英年早逝。这个突发的变故对阿卡德的家庭来说就是个巨大的灾难，因为父亲是家庭生活的支柱，他的去世让这个家庭一下子没有了经济来源，阿卡德只好辍学来维持生活。可是阿卡德是一个好学的孩子。虽然命运不济，但是他并没有向命运低头认输。后来，他一边工作一边学习，自学读完了大学课程。

在打工的几年时间内，阿卡德发现了一个生意上的规律，那就是大部分人的生意都是围绕少部分有钱人展开的。于是在他自己创业的时候，他把大部分的精力都花费在有钱人身上，专注服务有钱人，从而也让自己在很短的时间内变成了一个大富翁。

后来，阿卡德自己创办了一家投资公司。认真观察世界经济的发展形势，发现很多国家经济发展迅速，想要大量的资金支撑，于是他就想从这个方面入手。他想办法将犹太人分散的资金聚集起来，吸纳个人资金购买股权或者是股票，然后选择一个投资大、回报率高的项目将资金投进去。他的这一举动可谓一举三得，不仅满足了企业的发展需求，也给当地政府解决了资金短缺的大难题，同时还给自己带来了巨大的收益。渐渐地，他依靠英明的决策让自己变成了华尔街最知名的人物。

财主们有的是钱，关键是我们要怎样去吸引他们掏出钱来。如果想要达到这个目的，我们就必须要独辟蹊径，不能跟随大多数人开辟出来的道路走。在这方面，美国的一家商店就给人们树立了一个成功的典范。

在美国曼哈顿第五大道上，大部分商铺的生意都异常火爆。因为正值圣诞节来临之际，人们都在忙着购买自己想要的东西。与这熙熙攘攘的景象完全格格不入的是一家叫毕坚的商店，这家店铺大门紧闭，里面只接待了一位客人。这家店铺每次只接待一位客人，商品的价格却贵得惊人，一瓶香水要卖到 1500 美元，一套衣服要 2200 美元，甚至有些名牌产品的价格高达几万美元。

因为这种独特的经营方式，这家店铺吸引了很多顾客的关注，甚至享誉全球。全球有 50 多个国家和地区的有钱人都慕名前来，其中包括西班牙国王卡洛斯、约旦国王侯赛因等。这家商店主要以极其富有的人物作为消费群体，为自己打造了一个完全与众不同的企业形象。因为到这家店铺消费的顾客大多都是有身份地位的豪绅，因此对于保密工作要求非常高，毕竟商店一次只接待一位顾客的服务方式正好与之相吻合，更加赢得了富翁们的信赖。

从众多的商业实践中我们不难发现，犹太人有着独特的经商方式，他们为了赚取财主的钱，往往不做薄利多销的生意。在他们看来，这种经营方式无异于用一根绳子勒住自己的脖子，很容易就会将自己陷入危险的境地。他们大多会提高产品的价格，只做少数人的生意。与其跟同行不断进行价格战，互相低价促销，倒不如提高自己的利润空间。在犹太人看来，薄利多销是生意中的下策，而厚利适销才是上策，使用上策卖一件商品，赚到的钱可以抵得上用下策卖三件商品赚到的钱。作为商人，赚钱是主要目的，如果赚相等的钱，那何必要付出三倍的销售功夫呢？

事实上，赚有钱人的钱是一种逆向思维。在很多富人看来，低价格就买不到好质量的货物，所以物美价廉对于他们来说没有任何意义。富人在金钱方面不是很在乎，他们要的只是产品的质量和品牌的影响力，所以根据这一心理特征，逆向去想，只要商品的质量好、价格高，就能迎合他们的心理需求，使他们满意，让我们赚钱。

当然，虽然有钱人的钱好赚一些，也需要付出一定的努力和思考，毕竟没有谁会平白无故地信赖我们，心甘情愿地拿出钱来。这就需要我们在学习犹太人的经商技巧的同时，还要注重关心有钱人的流行趋势。相比普通人的流行趋势，富人的流行趋势持续的时间要长一些，因为人人都有“向上”学习的心理，当富人引领流行的时候，普通人会去模仿，这一过渡时期一般都要两年之久，所以这段时间对于商人来说就是做生意的绝佳时期，我们应该掌握好富人所喜欢的东西，投其所好，势必能给自己带来较大的利润。

第五节 只要生意合法，没有什么不能做

只要合法，只管大大方方去赚自己的钱。

——《塔木德》

《塔木德》中的这句话告诉我们，经商必须有道，任何生意都不能违反法律而存在。只要我们的生意符合法律规定，就可以大胆利用各种经商技巧去赚钱。犹太人一直谨记这一点，至于做什么样的生意，他们并不拘泥于某种形式，在他们眼中，任何合法生意都是财富的来源，并无高低贵贱之分。

犹太商人好像天生有着经商的细胞，他们认为主观地去给生意划分等级是一件极其愚蠢的事情，因为那样不仅浪费了本该去赚钱的时间，也将自己的思想拘泥在了一定范围之内，难以延伸出赚钱的新思路。所以，他们在任何领域都能找到挣钱的途径，发展起美好的事业。

在古老的犹太智慧法典《塔木德》中，哲人们对酒不是很认同，认为它是魔鬼的使者，当魔鬼没有时间去拜访某个人的时候，它就会把酒派到他的身边，好腐蚀他的灵魂。于是先人们在《塔木德》中叮嘱后人不能把钱花在酒上。尽管犹太人敬重《塔木德》的

智慧，但是当面对酒带来的商机时，他们还是无法克制自己去赚钱，尤其是在法律没有明令禁止做酒的生意时，犹太人还是毫不犹豫地做起了酒的生意。

施格兰酿酒公司是世界上最大的酿酒公司，它的主人就是犹太人。1927 年这家酿酒公司成立，之后公司不断发展壮大，等到了 1971 年时，公司的酒厂已经遍布全世界，共有 57 家酒厂，产品也从单一发展到多样化，酒和其他饮料的品种多达 114 种。

由此可知，当《塔木德》的威严和财富相较量的时候，犹太人还是觉得赚钱是世界上最重要的事，可以说，在犹太人眼中，只要是能够带来财富的东西，在法律许可的范围内，他们都会用来当作商品进行买卖，哪怕是在他们眼中非常神圣的合同。

犹太人注重诚信守约，所以做任何生意之前必须要签订合同，约定好双方的权利和义务。履行合同是双方的事情，然而当第三方也想要参与到这个合同中来时，他只要支付一定的费用，就可以让原本享受权利和义务的合同一方将权利和义务转让给“第三者”。在这三方关系中，卖合同的人充当着一个不劳而获的角色，他不用付出任何实际的努力，也无须履行合同中所指定的任何责任，可以说只是简单地从中获取了利润。因此这种买卖深得犹太人的欢心。当买家给出的价格非常合理时，他们就会果断地把手里的合同当作商品卖掉。这种依靠买卖合同赢利的人被犹太人称作“贩克特”，他们把手里的合同卖给第三方，也把别的企业已经签订的合同买下来，替合同方履行合同，从而为其谋利。

在世界各地，到处都可以看到犹太人“贩克特”的影子，他们经常与一些值得信赖的大公司合作，然后将大把的钞票装进自己的口袋。美国的一家大公司就与犹太“贩克特”有着密切的联系。

“先生，您好！最近在忙什么呢？”这是犹太“贩克特”最常用的开场白，每当他们想要寻找赚钱商机时总会主动问询这家大公司。

“您好，我最近在忙一桩大买卖，一个100万美元的合同，对方是法国一家著名的香水生产商。”

“哦，这是一桩不错的生意，您能不能把这个生意转让给我来做呢？我给您提供两成的现金利润。”

这样的承诺做出以后，美国这家大公司马上把这份合同转卖给了犹太“贩克特”，而他自己毫不费力地坐享了两成的利润。而犹太“贩克特”也获得了与法国香水生产商合作的权利。在合作生意的过程中，犹太“贩克特”通过自己的经商技巧获得更好的利润，最后的结果是三方都非常满意，他们各取所需，聪明的犹太商人通过买合同的方式给自己赢得了赚钱的机会。

当然，有时他们也会将手里已经签订好的合同转卖给别人。有人问询：“您好，我能以10万美元的价格从您手中购买一份合同吗?”“当然，这份权利马上就转交到您手中了。”于是合同实现了权利转让，而犹太商人则从中享受了10万美元的纯利润。不过，转让合同对于犹太商人来说存在着极大的风险，尤其是在他们购买合同的时候，这对他们的知识面、理解力、洞察力都有非常高的要求，如果一个生意没有发展前景或者赢利空间非常小，甚至可能面临失败，那么很可能就会造成生意上的亏损。

不管哪种类型的生意，在法律允许的范围内，只要能赚钱，犹太商人就一定不会却步。我们现在的生意人也应该学习犹太人的这种经商理念，任何能挣钱的合法生意都要勇敢进行尝试，这样我们才有可能获得意想不到的成功。

第五章 诚信守法是经商的不二法宝

无论什么时代，诚信守法始终是永恒的原则，上至对国家，下至对个人。因为人无信而不立，为人处世如此，经商也是如此。当我们与客户进行交易的时候，始终保持诚信就会得到对方的信赖，让合作能够保持得更加长久。当然，我们在对他人保持诚信的同时，也要认真审视他人对我们的真诚，以免自己不小心掉入经商的陷阱。

第一节 经商必须要诚信第一

鱼离开水就会死亡，人不讲诚信则会受炼狱的惩罚。

——《塔木德》

《塔木德》中的这句话告诉我们，鱼依靠水生活，一旦离开水就会窒息死亡；人要讲究诚信，言而无信的人迟早也会遭受惩罚。在犹太人的智慧中，诚信是一件非常严肃的事情，尤其是经商的人一定要讲究“诚信”二字，绝对不能用欺骗的手段来赚钱。因为看重诚信，所以犹太商人往往注重良好而长期的合作，他们对流寇式的经商方式感到厌恶。在他们生产的商品中很少有假冒伪劣产品存在。也正因为这个原因，犹太商人才能在世界上保持长盛不衰的商业地位。

诚信是保持生意公平的重要手段。犹太的先哲们早已规定了非常细致的经商秩序，要求商人不能使用大小不一的砝码和量器；商人要按照固定的时间清洗自己的量器和砝码，小店主每称完一样东西都要擦拭一下天平。这些细致的规定让商人们恪守诚信的本分，最终走上了致富的道路。美国“棕色浆果烤炉”公司就是这样一个以诚信而闻名的面包公司。

“棕色浆果烤炉”公司以“诚信无欺”作为经营理念，承诺顾客买到的面包都是最新鲜的，因为公司有一个硬性规定，凡是生产日期超过三天的面包，公司都会从零售商那里回收，决不让消费者吃到不健康的食物。

关于这个规定，这个公司还发生了一件特别的事情。一年秋天，公司所在州雨水充足，很多地方甚至发生水灾，因为食物供应不足，所以在那个地区面包十分畅销。但是公司仍旧按照规定将过期的面包进行回收。载着面包的车辆在折返的途中，突然遇到想要购买面包的人，他们将车紧紧地围起来，声称即使过期的面包也一定要买。这下可难住了押车的运货员，他可不敢违反公司的规定，可是人们已经围得水泄不通，他只好苦恼地跟大家解释：“这车面包我真的做不了主，我一个小小的运货员怎么敢违背公司的规定呢？如果我今天把面包卖给你们了，我回去之后就立马会被开除。”可是大家并不相信他的话，给公司卖滞销的面包是给公司赚了钱，怎么会被开除呢？于是大家开始同运货员激烈地争吵。

看到这样相持不下的情景，人群中的一位记者赶紧上前恳求运货员，他说：“运货员先生，你就通融一下吧，现在是特殊时期，大家都饥肠辘辘，即使面包已经过期，口感受到了影响，那也总比这样被饥饿折磨好吧？”他的话打动了运货员，于是运货员凑到记者的跟前，轻声地说：“过期面包我是绝对不会卖的，但是你们非要买我就管不了了，毕竟我一个人的力量有限。你们象征性地放些钱就好了，一车过期的面包公司是不会在乎的。不过这可没我什么责任，你可得给我证明。”这些话一说出口，大家很快把一车面包抢购一空。就在大家哄抢的过程中，运货员故意做出一个阻止人们的动作，让记者给他拍了下来，好给老板一个交代，表明自己已经尽力阻止了。

后来，记者把这件事情写成一篇报道在报纸上刊登出来，同时还附上了运货员阻止人们抢购面包的照片，一时间“棕色浆果烤炉”公司的名字传遍了大街小巷，人们都知道这个公司不出售过期面包，赢得了广大消费者的称赞。因为诚信，“棕色浆果烤炉”公司为自己开辟出一片天地。

在犹太人的经商法则中，诚信是第一要务，因为商业服务的对象是人，而以诚信待人才能取得别人的信赖。因此犹太人对诚信特别看重，把做生意是否诚实、是否遵守信誉放在第一条，这不仅是对灵魂和先人的敬畏，更是切身的经商感悟。

虽然在很多民族中都有“童叟无欺”的说法，但是很多民族并没有真正地将其贯彻下来，而犹太人却牢牢地遵守着这一经商原则，从而成就了犹太商人在商界中的至高地位。

诚信经商是犹太生意经中的灵魂，也是商业活动中非常高的生意技巧，它对现代商业仍然有着非常重要的作用。很多企业在市场竞争中取得胜利都得益于诚信经营。因此我们在自己经营企业的时候，必须要将诚信放在首位，将其视为企业的生命，只有这样，我们的生意才能立足，才能致力于长远的发展。

第二节 签合同时要警惕财务陷阱

契约以外的一切，都要提防。

——《塔木德》

《塔木德》中的这句话告诉我们，在做生意的时候要注重契约的签订，尤其是涉及自身利益的时候，一定要将所有的事情都写进契约之中，切实地做到凡事有据可依。犹太人认为生活在一个法制的国度中，如果没有足够的法律意识，那在商场上就很容易吃大亏。另外，他们还认为做生意者不能感情用事，金钱和感情不能混为一谈。他们重视每一次合同的签订，这个经商之道看似并不起眼儿，实则蕴含着非常丰富的经验和智慧。

很多人做生意的时间长了，慢慢就失去了初次做生意时的警惕性，在签订合同的时候，往往会忽略很多东西，认为只要大致说清楚就可以，事实上很多人在订立合同的时候，会为了自身利益故意设置财务陷阱，如果对方法律意识淡薄，就很容易掉入陷阱，造成利益上的损失。

藤田是一个日本籍的犹太人。一天，美国律师约翰给他打电话，想要约他见一面。可是藤田手上正忙着工作，于是就对他的请求表示了拒绝。可是对方并没有放弃，再一次请求说：“先生，我只占用您一点儿时间就好。”

“真的很抱歉，我实在是太忙了，没有时间见你。”藤田再次委婉地拒绝了这个请求。

“您看这样行吗？只要您愿意见我一面，每一个小时我都会支付给您 200 美元的酬金。”见对方态度如此诚恳，宁可花钱也要见面，藤田感到非常难为情，于是便答应了对方的请求：“好吧，不过我只能跟你聊 30 分钟而已。”

约翰就职于一家美国公司，担任该公司的法律顾问。这家公司想要跟一家日本商社合作，但是对这家日本公司的信任度却并不是很高，于是想要找一位值得信赖的人去监督这家日本公司的行为。如果谁愿意承担这份工作，每月可以得到 1000 美元的薪酬。约翰见藤田的目的就是想让藤田给推荐一个合适的人选。紧接着，约翰拿出了老板写给藤田的信。因为这家美国公司的老板也是一个犹太人，所以他在信中说：“因为您是犹太人，所以我信得过您，只要您介绍来的人，一定会非常可靠。”

后来，约翰拿出了之前与日本公司签署的协议给藤田看。在美国公司看来，这份合同非常完美，但是藤田却情不自禁地笑了起来。因为他从这份合同中看到了很多财务陷阱，美国公司一不小心就会掉进去。于是藤田将合同中的漏洞一一地指给约翰看，最后还给他介绍了一个非常可信的人做监督人。这让约翰感到非常高兴，因为合同中的陷阱实在是太危险了，如果在合作的过程中，他们不小心掉进去，将会给公司带来非常严重的经济损失，这对一个生意人来说可是不允许的。

商场如战场，如果订立合同时一时疏忽，很可能就会让自己栽个大跟头。在这方面，犹太人一直非常慎重，考虑周详，不允许出现任何合同陷阱，不让对方有机可乘。但是有时为了维护自己的权益，犹太人也会在合同中玩一些小花招，保护自己的权益不受侵害。

一位犹太富翁把自己的儿子送到耶路撒冷去学习。就在儿子求学期间，富翁染上了重病，来不及见儿子最后一面就去世了。在弥留之际，富翁巧妙地立了一份遗嘱，上面交代富翁把自己的所有财产都留给了自己的奴隶，但是如果儿子想要什么，只能从这些中间选择一件。

处理完富翁的丧事以后，奴隶很快就带着遗嘱去耶路撒冷寻找富翁的儿子，他想让富翁的儿子尽快知道这件事情，好安安心心继承所有的财产。富翁的儿子看到遗嘱以后，既伤心又疑惑，为什么父亲会把所有的财产留给自己的奴隶，而自己作为儿子，只能选择其中的一种。想到这里，他对父亲竟然生出一点点的恨意来。

他带着这份遗嘱去找拉比倾诉，可是拉比看完遗嘱之后，对富翁大加夸赞，说这份遗嘱体现了父亲对儿子最深沉的爱。富翁的儿子听了这话以后，更是一头雾水，于是拉比给他解释说，如果父亲直接说财产全部留给儿子，或许奴隶会一时贪心，根本不给儿子报丧就直接带着所有的财物远走高飞，但是现在只要儿子把奴隶本身要到手中，那么奴隶所拥有的一切自然也就全部到了儿子的手中。遗嘱只有写成这样才能保全儿子的权益。这时儿子才明白了父亲的心。

由此可知，在签订合同的时候，稍微动点儿心思就会在合同中留下陷阱，从而产生让人意想不到的后果。所以犹太人在签订合同的时候格外认真，因为合同是生意的精髓，只要合同签订生效，不管发生任何困难，合同双方都必须认真履行诺言，没有任何毁约的借口。

学习了犹太人对合同的态度以后，我们在生意中也应该时刻提高警惕，认真对待每一份合同，不容许合同中的任何不严谨，不仅要审视对方有没有财务陷阱，同时也不要为对方设置陷阱，实实在在地做到诚信经商。只有做到这样，财富才会格外眷顾我们，让源源不断的客户给我们送钱过来。

第三节　让法律为你保驾护航

没有熟读法律的商人不是好商人

——《塔木德》

《塔木德》中的这句话告诉我们，作为一个商人，必须熟知法律，否则就不会是一个好商人。商人每天跟人做生意，涉及各种财务相关的事情，无论是合同中的财务陷阱还是避税都与法律有着千丝万缕的联系。在犹太商人看来，只要生意没有明确违反法律的规定，那这生意就可以做。于是他们对法律进行了很好地利用，让法律替他们保驾护航。一方面他们利用法律保护自己的财产安全不受损失；另一方面，他们善于运用法律帮助自己做生意。

法律是由人定制的，所以很多时候并不那么周详与严密，当它存在漏洞时，犹太商人就会巧妙地发现，从而加以利用。

1968 年前后，日本经济发展非常迅速，日元的价值日渐攀升，相比之下，美元则出现贬值的苗头，因为这个状况，日本的外汇储备直线上升。

20 世纪 70 年代初期，日本的外汇储备还并不是很多，大部分都是本国居民多年积攒的钱财。但是这种局面很快就得到了改变。

1970年10月份开始，日本的外汇储备就不断地上涨，甚至以亿为单位向上攀升。仅仅过了10个多月的时间，外汇储备就以惊人的速度达到了125亿，其中1971年8月单个月份的外汇就超过了25亿，比战后日本人辛苦积攒25年的还要多，足足达46亿。最后不到一年的时间，总储备金额已经高达150亿美元。

这种良好的发展势头给很多日本人都带来了巨大的优越感，包括日本政界、新闻界、商界等很多人都觉得这种感觉非常美妙，他们纷纷觉得日本之所以外汇储备如此丰厚，这是日本人勤奋努力的结果。

但是这种发展态势在犹太人眼中可是一件可喜的事情，因为他们已经从中看到了商机。他们觉得日元升值是指日可待的事情。什么时候日本的外汇储备超出100亿美元，他们发财的机会就真正地来到了。于是他们开始向日本大量地抛售美元，甚至不惜为此向银行借贷，也要将美元输入日本市场。他们在等待着美日汇率的大幅变化。

犹太人的这种行为很快引起了日本政府的关注。但是日本政府想不明白，犹太人这样做的目是什么。他们觉得日本人的外汇制度严格，如果有人想在外汇市场搞一些投机倒把的小动作，他的目的一定是没有办法实现的。当然，这只是日本人自己看法，聪明的犹太人早已发现了这种外汇制度中的巨大漏洞，那就是当时日本政府制定的“外汇预付制度”。因为该制度规定，政府必须提前给那些已经签订出口合同的厂商支付外汇，以便更好地支持对外合作。表面上看这个制度并没有什么不妥的地方，但是允许退货就是一个巨大的疏漏。于是犹太商人抓住这个条款，先与日本出口商签订合同，把美元卖给日本，然后就开始等待日元升值。等日元升值以后，他们再以退货的形式将美元买回来，这样他们就从买卖的差价中赚取了大量的钱财。

很快，日本的外汇储备就达到了 129 亿美元，这时，日本政府才恍然大悟，看到了这种法律漏洞的严重危险性，于是废止了原来的“外汇预付”政策。不过这一决定日本做得并不彻底，政府只是给每天的交易额进行了限定，允许每日成交 1 万美元。当外汇储备达到 150 亿美元的时候，日本无奈地宣布日元升值。原本 360 日元可以兑换 1 美元，现在 1 美元则需要 306 日元来兑换，照这样计算，最终日本人在这场外汇的兑换中损失了 8 亿美元，而这笔钱最终大部分都流向了犹太人的腰包。

日本政府制定的“外汇预付制度”原本是想要促进本国企业进行对外贸易的。当企业接到国外的订单之后，如果政府能够及时地支付其外汇，这样企业就可以拿着钱去后买自己企业贸易所需要的材料，确定签订的合同能够顺利完成，这样一来企业的资金占用现象相对就会减少，对于国家发展来说是一件极好的事情。至于退货，那是生意场上的惯例，如果对方对产品不满意就有权利要求退货。这在日本政府看来是极为正常的一件事情，但是他们万万没有想到，日元升值会给国家带来如此巨大的损失。

通过这个故事，我们不得不惊叹犹太人的聪明才智，他们只是巧妙对法律进行利用就实现了赚钱的目的，使得日本政府明知道这样自己的钱在亏损却无可奈何。犹太人的经商技巧的确需要我们学习。当然，我们的这种学习并不是用心想着要去钻法律的漏洞，而是学会犹太人灵活的经商思维。当他们面对一件事情的时候，不按一般的思维去出牌，这样就能挣别人想不到的钱。

第四节 不能小看任何一笔生意

别想一下就造出大海，必须先由小河川开始。
——《塔木德》

《塔木德》中的这句话告诉我们，大海不是一下子形成的，它需要小河川一点一滴地慢慢汇集，最后才形成汪洋大海。这句话看似简单，却蕴含着非常深刻的哲理，凡事都不能操之过急，要从小事做起，最后才能取得成功。犹太商人从这句简单的话语中更看出了致富的信息，一个人想要成为富翁并不是一件简单的事情，一夜暴富只是少数人才会有的绝好机遇，大多数人还需要一点一滴累积才能拥有巨大的财富。

不积跬步无以至千里，做生意也一样，只有将任何一笔生意都看在眼里，财富才能慢慢地眷顾我们。犹太人很早就发现了这个规律。他们认为，只要是赚钱的机会，就不能放弃，哪怕只有一美元的利润也不能轻易放过。这是一种赚钱的心态，真真切切地反映出犹太商人“避实就虚，化整为零，积少成多”的经商策略。在众多的犹太商人中，很多人都是利用这种策略将自己送上了富翁的宝座。比达·吉威特就是其中的一位。

比达·吉威特是生活在美国的犹太人，在建筑行业是为数不多的巨子之一。早在20世纪60年代，他的资产就已经达到了两亿美元。尽管如此，他仍旧使用积少成多的经商策略，不放过任何一笔生意，哪怕带给他的利益微乎其微。

吉威特不仅在建筑行业有所建树，还涉足很多个领域，例如保险、煤矿、电视公司等，在每一个行业都取得了非常可喜的成绩。因为他始终秉持着“决不放弃任何一个赚钱的机会，哪怕是一美元”的理念。

吉威特的创业经历也非常传奇。因为他的成功完全没有借助任何人的力量，这是他最与众不同的地方。例如他为了保证自己所有的子公司业务顺利，资金周转灵活，自己开始经营一家金融公司，这样自己公司的事情自己消化，其他公司得不到任何一点儿好处，可谓是“肥水不流外人田”。这种经营策略一方面保证了自己公司的自主性，在发展过程中不必受制于人，同时又实现了多领域发展，开始涉足金融行业，不论从哪个方面来说，受益方始终是自己的公司。

除了在金融方面的作为，吉威特还创办了保险公司，专门承办自己公司员工的寿险、健康险以及子公司的所有保险，同时还对外营业，除了不让自己公司的钱财外流，保险公司每年还给吉威特赚来不少钱，虽然赚来的这笔钱对吉威特来说算不上什么，但是任何一点儿利润他都不会放弃。在吉威特勤勤勉勉的经营之下，公司业务一天比一天好。

除了不放弃任何一笔生意之外，吉威特还有一个超强的本领，那就是在原有的基础上确保更高的利润。例如承建一个工程时，平均的利润一般为20%，但是他却能在这个基础上提高10%的利润，不仅如此，他对于工程费的投标也比一般的费用要低很多。在他承包的俄亥俄州浓缩燃料工厂的建设工程中，他就充分运用自己的智慧赚了一大笔钱。在双方签订的合约中，商定的合约费用为7.98亿美元，但是他整整缩短了半年的工期，保质保量地交付了工程，另外在工程费用方面还节省出了2.6亿美元。虽然吉威特看重任何一点儿利益，但他并不压榨顾客的钱财，他只是赚他应该赚的钱，所以他在商界赢得了众多人士的信赖。

年轻的富翁戈德曼也是一位从小生意发家的犹太人。他小时候吃过很多苦，从10岁开始就整天想着如何去挣钱。暑假是戈德曼最忙碌的时候，他每天凌晨4点钟就起床忙碌，给预订《晨报》和面包的人家服务。一个星期下来，总会有几十美元的收入。虽然这点儿收入微乎其微，但是他仍然不舍得放弃任何赚钱的机会。就这样，他日复一日地奔波，掌握了越来越多的经商技巧，这为他以后的致富打下了坚实的基础。

吉威特和戈德曼的成功很好地诠释了不能小看任何一笔生意。我们应该学习这种经商态度。因为关注很多小生意对我们来说有着非常重要的作用。首先小生意需要的资金投入很小，所以其面临的风险值也很低，即使我们生意失败，也不会造成太大的损失；其次做一些小生意可以磨炼人的性格，使我们逐渐养成踏实肯干的行事态度，这对以后的事业发展都有很大的帮助作用；最后做小生意可以积累做事情的经验，尤其是对于一些初次经商的人来说，经营企业的经验不足，如果直接上手经营大生意，很可能会栽跟头，对创业造成致命的打击。但是如果先做一些小生意，从失败中摸索方法，这样能够有更好的发展。

然而现在很多人对这种挣小钱的理念并不认同，认为要干就干大的，仿佛自己天生就做大生意的料，结果投入大量资金之后才发现，经营一项大生意并不是一件容易的事情，甚至得到了惨痛的教训。因此我们在做生意的时候，一定要从小看起，不能好高骛远。

第五节 切莫将漏税看成避税

纳税天经地义，避税合理合法。

——《塔木德》

《塔木德》中的这句话告诉我们，纳税是每一个公民的义务，但在法律允许的范围内进行合理规划税负，为自己争取更大的利益也是无可厚非的。

虽然犹太人喜欢赚钱，但他们把纳税看成商人与国家之间的神圣契约。他们会合理避税，但是不会偷税漏税，因为这在他们眼中是不可饶恕的错误，是良知与真诚的泯灭。犹太人对偷税漏税事件十分憎恶。

很早以前，有个人去国外旅游，发现那里的钻石比他自己的国家便宜很多，于是想着如果能够将这些钻石带回去贩卖，一定能够狠赚一笔，于是他就开始琢磨这件事情。可是他的国家的关税很高，这让他感到为难。突然，一个念头在他的脑海中闪现：“我把这些钻石藏起来别让海关发现不就行了。反正我这是避税，带走的也只是应该上缴给国家的钱，也没什么大不了的。”于是他下决心就这样干。

回国的时候，商人把钻石藏在自己的鞋底，经过第一道检查的时候，那些钻石并没有被发现，于是商人心中一阵窃喜。然而经过第二轮检查的时候，那些钻石一下子就被查获了。海关直接将他以及他的钻石全部扣留。

后来这件事情被一个犹太商人听说了，他大笑携带钻石的商人是一个愚蠢的人。犹太商人说："像钻石这样的装饰品，国家收取的关税并不是很高，最多也就只有8%的比例。这个商人就应该依法纳税，然后光明正大地进入国境。等回国以后，只需将钻石的价格提高8%，那么关税的部分就已经回来了，如果价格提得再高一些，那么钻石带来的利润就更高，何必要这样想尽办法去偷税呢？我真是对他的做法感到不可思议，难道一个人的良知就仅仅值8%的关税吗？"

在犹太人看来，任何生意都可以做，但是偷税漏税这种违法的事情是绝对不允许的，更何况还需要他们出卖自己的尊严与良知。

犹太人在悠久的经商历史中，已经总结出了一套属于自己的合理避税方法，他们对合理避税有着非常深刻的认识。首先，合理避税是做生意与赚钱的完美结合，它可以从很多个方面入手，例如时间、地点、手段等，只要安排巧妙，避税的方式有很多种。其次，合理避税其实就是会计高超技术的体现。一个好的会计能够从商业计算中看出漏洞，从而灵活地将一些或许能赚到又或许赚不到的钱掌握在自己的手中，当然如果合理避税的想法是领导者想出来的，那么这位领导必定是充满智慧、头脑灵活的人，在管理上能够独当一面。再次，合理避税的行为是围绕降低产品价格而展开的，其主要目的是增强企业的市场竞争力，为企业赢得最大的财富空间。最后，避税行为是发生在国家税收法律法规允许的限度中的，并没有违背法律，有时国家还会推出一些补贴、优惠政策帮助企业减轻税务压力，所以商人们要仔细研究税法及相关政策，努力让自己进步。

如果纳税人有了这样的避税意识，那么就应该好好地学习和认识避税这一手法，因为对于一些大型企业来说，每年的税收就是一笔不小的开支，因此掌握一定的合理避税方法对自己的企业发展有着一定的意义。

然而有一点我们必须要明白，对于商人来说，其商业活动的目的并不是避税，而是创造财富，而无论一个商人的避税技巧有多高，想要通过避税实现致富是根本不可能的事情。那么为什么商人要学习合理避税呢？其主要的目的就是促使管理者对管理决策进行更加深入地思考，逐渐提高自己的管理水平，换言之，也就是管理能力的培养。

现在有很多人错误地将避税看作是增加企业收入的一种途径，认为只要减少税款就能够距离财富更近一步，于是想尽办法避税，甚至不惜偷税漏税；更有一些对法律缺乏了解的人，以为漏税也是避税的一种方式，在不知不觉中走上了犯罪的道路。这些都是极其错误的想法。作为一个国家的公民，依法纳税是我们每一个人的义务。如果我们非要逃避这一义务，那么最终等待我们的将是想象不到的严重后果。因此在税收方面，我们应该谨慎行事。《塔木德》

中早就表明“纳税天经地义，避税合理合法”，他们虽然致力于赚钱，但是仍旧依法纳税，并且做到“决不漏税”，这是一种难能可贵的精神，我们应时刻铭记于心。

第六章 逆境往往培养最成功的商人

做生意不可能一帆风顺，即使是那些商场大亨，他们也曾经历过失败和挫折。所以当我们陷入经商的逆境中时，往往需要足够的勇气去面对，学会从一次次的失败中总结经验教训，如果我们做不到这一点，那面临的可能永远是失败。逆水行舟，不进则退，走过艰难才能迎来更好的成功。

第一节　经商需要直面失败的勇气

失去金钱，只是失掉半个人生，但失去勇气，整个人生都失掉了。——《塔木德》

《塔木德》中的这句话告诉我们，在商业活动中，如果一个人损失了金钱，那么这个打击对于他来说是很大的，可能会影响到他一半的人生，尽管这样，他的人生并没有完全失去意义；但是如果他失去了继续奋斗的勇气，那么这个人就彻底垮掉了，即使他还活着，他的人生也从此没有了意义。这句话强调了勇气在人生中的重要意义。我们的生活往往不会一帆风顺，当我们遇到困难的时候，勇敢前行，或许就会战胜困难继续向前，但是如果我们从此萎靡不振，那么一次失败就是人生的终结。

商场如战场，失败是不可避免的，就好像我们经常在河边走难免会弄湿鞋子一样。失败并没有什么可怕的，让人畏惧的是遭受失败后的萎靡。如果一个人失败之后就没有勇气再生活，那注定他的一生不会有什么大的突破。相反，一个人失败之后，无所畏惧，不断从失败中总结经验教训，将失败看成成功的基石，那么他最终就可能会走上成功的巅峰。面对失败我们需要的是越挫越勇的精神。

犹太商人盖亚·博通就是这样一个勇敢无畏的人。

盖亚·博通是一个喜欢发明创造的人，他的第一个发明是脱水肉饼干，这个发明虽然成功了，但是并没有给他带来什么利益，反而因为发明耗费了不少的财物，让他的生活一时间陷入窘境之中。这次失败并没有打击他发明的信心。之后他又用两年的时间反复研究，终于研制出一种新的产品，那就是炼乳。他运用低温真空技术将牛奶中的绝大部分水抽掉，制成了这种新鲜而纯净的牛奶。他对自己的发明非常满意，并且决定将它面向大众推广出去。于是，他开始给自己的产品寻求专利保护。

寻求专利的道路十分坎坷。当盖亚·博通向专利局提出申请的时候，被告知他的产品毫无新意，因为现在已经获批的专利申请中“脱水乳”已经有数十种，甚至还有一种比他的发明还要好的专利。面对这样的结果，盖亚·博通不愿认输，很快他又发出了第二次专利申请，但是又失败了，原因是专利官员觉得制作炼乳并不一定要进行真空过程，盖亚·博通之所以要加真空这一步骤，只是表明他在这项发明上很用心，很谨慎而已。再一次失败之后，盖亚·博通仍不甘心，于是第三次申请专利，这一次申请再一次惨遭失败，原因是盖亚·博通并不能证明“在露天对新鲜牛奶脱水”是什么与众不同的制作方式。

接连三次的失败对于一个人来说是不小的打击，但是盖亚·博通并没有因此被击垮，他对专利申请仍然十分热衷。他对自己始终抱有坚定的信念，终于在第四次尝试的时候，他获得了成功。不过，这只是漫漫创业路的开始，之后的道路仍旧对他充满了考验。

进入产品推广环节以后，盖亚·博通又遭遇了诸多不顺。因为创业前期条件比较拮据，所以盖亚·博通的工厂是由一家车店改造而成的，费用很低。刚开业的那段时间，他非常忙碌，几乎每天都花费 18 个小时在工厂指导生产。

为了让自己的产品更好地拓展市场，盖亚·博通选定一个社区领导作为销售目标，希望他能够认可炼乳，这样产品在这个社区的推广工作将会顺利一些。但事实并没有他想的那么完美，尽管这位领导对炼乳非常认可，但是他却无法改变人们的生活习惯。在这个社区，人们习惯食用掺水的牛奶，所以对炼乳完全不感兴趣。于是炼乳厂步履维艰，盖亚·博通的两位合伙人越来越没有信心，日渐衰退的炼乳厂最终走向了倒闭的命运。

然而失败并没有打垮盖亚·博通，他有勇气面对它。总结第一次失败的经验，盖亚·博通再一次以巨大的勇气建起了一个新的炼乳厂。他用心经营，付出了更多的努力，这一次终于成功了。炼乳逐渐打开了市场，越来越多的人认可并喜爱炼乳，公司规模不断扩大，在美国炼乳市场占据一定的地位。等他去世的时候，他的炼乳厂已经成为美国市场的领导企业，给现代牛奶工业奠定了基石。

盖亚·博通正是因为拥有直面失败的勇气，最后才取得了成功。他的故事告诉我们，面对失败的心态对我们的一生有着至关重要的影响。当面对失败时，心态乐观的人会将它看成成功的阶梯，悲观的人则看成绊脚石。于是一个信心饱满地奋勇向前，另一个则心生畏惧，从此不敢再尝试。事实上，心态决定命运是一个人生的课题，每一个想要成功的人都必须要认真考虑，因为没有谁不愿意成功，也没有谁会绝对幸运地、轻而易举地成功。想要致富，我们就要保持乐观积极的心态奋勇向前。

仔细研究犹太商人的成功就会发现，勇气是他们在商战中取胜的法宝。当需要面对人生的失意与挫败时，我们要向犹太人学习，变得更加勇敢一些，用乐观的心态去看待失败。生活中的困难与失败是对我们的激励，畏首畏尾、一蹶不振的人注定一事无成，只有富有勇气的人才有资格和机会走向人生巅峰。

第二节　“逆水行舟，不进则退”是真理

所谓耐心，是主动而不是被动，是一种主导命运的积极力量，而不是向环境屈服。

——《塔木德》

《塔木德》中的这句话告诉我们，耐心是一个人主动的态度，而不是一种被动的情绪。如果一个人拥有耐心，他就会积极地去主导自己的命运，而不是屈从于环境的改变，完全失去自我奋斗的勇气。犹太人很早就发现了耐心对人生发展的重要意义。

人生的际遇无非有两种，即顺境与逆境。顺境时诸事顺利，每一个人都能够做到抓住机会，向前发展。但是逆境却是对人的巨大考验，当面对困难与失败的时候，我们有没有耐心去坚持、去克服，就成了一道艰难的选择题。如果这个时候我们恰巧没有耐心和勇气，就如同逆水行舟，不进就会后退，这时我们之前的所有努力也就付诸东流。在这方面犹太商人有着令人敬佩的品质，他们身处逆境时，往往镇定自若，耐心等待并坚持，直到逆境转变为顺境。

艾柯卡是一个犹太商人，他在美国汽车行业鼎鼎有名，是一个被人们交口称赞的商业奇才。最开始的时候，他在福特公司上班，

因为表现突出，他总是不断地高升，最后坐上了福特公司总裁的位子。艾柯卡超强的经商能力让福特公司老板心生忌惮，他害怕有一天艾柯卡会取代自己的地位，将公司霸占，于是将艾柯卡开除出公司，解除了他们之间的合作关系。这个决策对艾柯卡来说可谓一个巨大的打击，使他一下子陷入逆境之中。

因为艾柯卡的才干在美国有目共睹，所以他刚一离开福特公司，马上就有很多著名的企业老板来邀请他，希望他能够为自己的公司效力。但是无论面对怎样优厚的条件，艾柯卡都没有被打动，他将这些人一一谢绝。他之所以会这样选择，是因为他并不想放弃自己熟悉的汽车行业。在他看来，自己在汽车行业遭受了打击，就应该在这一行业重新站起来，他有足够的耐心奋斗并等待成功的那一天。

于是，艾柯卡选择去美国第三大汽车公司——克莱斯勒公司工作，他就是想向所有人证明，自己具有经营汽车生意的才能，将他开除出福特公司是福特老板人生中最大的败笔。事实上，当时的克莱斯勒公司发展并不景气，几乎临近破产。艾柯卡去了之后，开始实施大幅度的改革，尤其是在人员调整方面做出了非常大的动作。克莱斯勒公司虽然系统庞大，但是很多人都处于闲职，拿着薪水却干不了多少事情，这对公司来说是一笔巨大的财富损失。艾柯卡一上任就发现了这一点，于是开始精减人员，共裁掉 32 个副总裁，关闭了 16 个盈利状况差的工厂，还裁掉上千名员工，给克莱斯勒公司节省了一大笔钱。实施了这项举措以后，表面上公司规模缩减了很多，但实际上业务水平却得到了提高，因为公司留下来的员工几乎个个都是精英。除了这方面的改革以外，在业务方面艾柯卡也非常努力。他不断琢磨人们的消费心理，把资金都用到最需要的地方去，并且积极研发新款车型，深受广大民众的喜爱。很快，克莱斯勒公司就名声大噪，与福特、通用不相上下，共同分割了美国的汽车市场。

艾柯卡的传奇故事震撼了几乎所有的美国民众，他的耐心和坚持受到了广大民众的敬佩。因此，在1983年美国的民意测验中，艾柯卡当选了“左右美国工业部门的第一号人物”，可以说，这份荣誉艾柯卡当之无愧。1984年，美国《华尔街日报》委托盖洛普进行“最令人尊敬的经理”调查，艾柯卡再一次获得了至高无上的荣誉。也就是在这一年，克莱斯勒公司迎来了自己公司的发展高峰，创下了年利润24亿美元的好成绩。克莱斯勒公司的经营状况发生了翻天覆地的变化，美国业界将此看成美国经济再度复苏的标志。

艾柯卡不仅取得了很可喜的成绩，同时也赢得了民心，大家纷纷呼吁他去竞选美国总统。因为他在美国汽车行业已经到了无人能及的地步。他的成功就像是一个完美的神话流传在美国的大街小巷。

艾柯卡之所以能够取得如此大的成就，这与当时所处的逆境有着莫大的关系。如果他当时没有被福特公司开除，那么他永远都无法让更多的人知道自己在汽车经营方面无与伦比的才华。另外艾柯卡在逆境中的耐心也是难能可贵的。如果当时他没有耐心继续待在汽车行业，或者没有耐心去重新开始，而是选择了其他的行业，那么他很可能无法取得现在的辉煌成就。因此，当我们身处逆境的时候，我们要给自己足够的耐心，就像艾柯卡一样从跌倒的地方爬起来，而不是选择一个更加轻松舒适的地方。

如今，很多人不愿承受太多的压力，认为人生在世轻松是最重要的，只要遇到困难和挫折就会绕道而行，最终庸庸碌碌，一事无成。如果我们想要做一个成功的人，那么我们不仅要能在顺境中前行，同时还要能在逆境中奋勇，就像逆水而行的小船一样，只有前进和后退两种选择，我们必须选择前者，逼迫自己变得更强大，这样才有机会成为我们渴望成为的那个样子。

第三节　坚持永远都是取得胜利的根本

成功就是将简单的事情重复做。

——《塔木德》

《塔木德》中的这句话告诉我们，成功不是一件可以一蹴而就的事情，即使很简单的事情，也要重复地去做，这样最终才能走向成功。在犹太人看来，一个人想要成功就必须具备两个重要的品质，那就是有坚韧的耐心和持久的坚持。在致富的道路上，到处都充满坎坷与假象，很容易就会给我们造成很多困难，这时摆在我们面前的就有两种选择，一种是知难而退，去享受安逸而平淡的人生；另一种是坚持下来，战胜眼前的困难，最终走向成功的巅峰。如果我们想要取得人生的胜利，那就必须勇敢地坚持，只有这样才能守得云开见月明。

一位成功的犹太商人说："人应该有自己的目标，在我看来，只要人们紧紧地盯住自己的目标不放松，并且为之不断努力，那么就没有做不好的事情。赚钱就好像打井一样，已经打到一定的深度还没有出水，这时就会有人重新去找水源，放弃之前的方向，最后一眼井也没有打出来；有的人就选择了坚持，最后成功地打出了水。二者的差别就在于那个人没有选择坚持，最后导致前功尽弃。或许再有几米深，井水就会喷涌而出，而他却选择了放弃。”

威廉·詹姆斯是犹太人，他一直担任管理顾问的职务。在这个工作岗位上，他做出的成绩非常优异，以至于大家都知道他。如今他的办公室装修豪华，顾客盈门，到处都彰显出一种气派的感觉。如果有人觉得他原本就该享受这样高贵的生活，那绝对是错了，因为他的创业历程也充满了艰辛。

最开始创业的时候，威廉·詹姆斯的手头并没有多少钱，辛苦积攒了十几年的钱只用了六个月的时间就全部花完了。在这几个月中，他一直住在办公室中，因为他实在支付不起房子的费用。事实上，威廉·詹姆斯完全可以依靠自己的才能找一份轻松的工作，好多好企业都向他发出了邀请，都被他一一拒绝了。因为他心中始终有一个梦想，那就是通过努力创建属于自己的公司。

威廉·詹姆斯经营自己的公司整整用了七年的时间。在这漫长的岁月中，他从来没有抱怨过一句，即使有人替他感到担忧，他也会安慰说：“成功是迟早的事情，我现在正处于不断学习的阶段，我选择的这个生意看不见摸不着，很难掌握，再加上市场竞争异常激烈，想要成功，的确需要付出比别人更多的努力。不管多累，我都不会放弃的。”

凭借自己坚持不懈的精神，威廉·詹姆斯真的实现了自己的创业梦想，并且在市场上引起了非常大的轰动。他的坚持和努力感动了无数的朋友。一次，一个知道他创业艰辛的朋友对他说：“你创业历尽了千辛万苦，一定感到疲累不堪吧？”但是威廉·詹姆斯却非常轻松地表示：“我并没有觉得自己经历了多少艰辛，在我看来，那些阻挡我前进的困难都是促进我进步的经验，让我受益无穷呢!”

威廉·詹姆斯的坚持让自己变成了一个成功人士。但是他的这份坚持是很多人无法做到的。我们中的很多人有着聪明的头脑，也能够洞察商机，然而却缺乏坚持下去的勇气，最终以失败而告终。

在美国掀起淘金热的时代，一个年轻人也看到了其中蕴含着无限的商机，于是不远千里来到科罗拉多州，希望依靠自己的双手挖掘出金子来。到了那里之后，年轻人很快就围住了一块地，开始用十字镐和铁锹夜以继日地挖掘。可是十几天时间过去了，他一无所获，于是就想或许这块土地下面并没有黄金。就在他即将放弃的时候，他挖到了一大块坚硬的东西，他想或许这就是金矿石。然而挖掘金矿石只依靠镐头和铁锹是不够的，必须有机器才行。于是他停下手来，回家筹钱买了机器。

机器的工作效率果然快了很多，很快这个坚硬的东西就亮相了。遗憾的是这只是一块大石头，这个事实对年轻人来说可是一个巨大的打击，他花费了家中所有的钱买机器，结果却没有看到金矿石。年轻人感到万念俱灰，一天也不想再挖下去了。这时正好一个犹太人从这里经过，他劝年轻人应该坚持下去，可是年轻人却说：“要坚持你来吧，我把所有的东西都转让给你。”

于是犹太人接手了年轻人的东西，他日复一日地挖掘，终于第一块金矿石被挖出来，之后接二连三又挖出了很多，犹太人一下子发财了。当初的年轻人听闻了这件事情之后懊悔不已。他说：“早知道再坚持一段时间就好了。”

很多人跟财富失之交臂就是因为自己没有坚持。经商不是一件简单的事情，在寻找财富的过程中往往有很不利的因素形成障碍，阻止我们顺利地到达成功的彼岸。就像我们在登山过程中遇到狂风暴雨、毒蛇猛兽等，这些都是不可预测和忽视的困难，当面对这些的时候，我们应该充分运用我们的耐心坚持下去，而不是像那些不愿冒险的人一样立马收手不干，这样我们才有可能会接触财富。

没有什么事情是简单的，也没有什么成功轻而易举就能实现，成功需要我们具备持之以恒的精神。

第四节　时刻心存警惕才能随机应变

当风吹来的时候，芦苇就顺势弯一下，而风停下来后，它又在原来的位置上挺得笔直。

——《塔木德》

《塔木德》中的这句话告诉我们，在风的吹拂下，芦苇顺着风向弯曲，当风停止的时候，它又重新笔直地挺了起来。它看似弱不禁风，但是风却对它无可奈何，因为它随时准备着接受风的侵袭和考验，随着风势而不断变化。其实，芦苇在很大程度上像极了生活中的某些人，他们对身边的一切都心存警惕，只要周围的事物发生变化，他们立马就能随机应变做出反应，保护自己不受伤害。当然，在商业活动中保持一定的警觉也有着巨大的作用。

犹太商人在经商过程中善于观察外部环境的变化，并且以此来调整自己的战略决策，从而使自己免于非常被动的地位。尤其是当产品市场和竞争对手发生变化的时候，他们更能随机应变，轻松驾驭，让自己的公司始终处于市场发展的前端。

约尔马·奥利拉在花旗银行担任着非常重要的角色。然而 1984 年，祖国的诺基亚公司向他发出了邀请，希望他能够回国帮忙管理公司。当时约尔马·奥利拉已经 33 岁，但他还是决定带着全家搬回了芬兰。

当时，诺基亚公司只是一个没有什么名气的小公司，经营的业务也不单一精细，而是广泛涉猎各行各业，例如橡胶、化工、造纸、计算机、电子产品等 10 个行业。当时虽然诺基亚公司也生产高新技术产品，但是其公司规模小，根本不具市场竞争力，再加上受到美国和日本的产品挤压，诺基亚的发展不容乐观，甚至可以说当时的公司正处于非常危险的境地，如果没有人出来解救，很可能就会面临倒闭的危险。

约尔马·奥利拉就任以后，开始对公司进行整顿。当时的欧洲市场上，数字电话标准开始流行。他觉得这是一个商机，数字化通信设备在未来的欧洲市场上一定能够占有强势的竞争力，于是他认为公司应该发展一个主营业务，那就是电信设备的生产；至于其他的业务大部分可以暂停，那些无关紧要的公司也可以全部关闭，一方面节省公司开销，另一方面可以为主营业务筹措资金。当时诺基亚公司电视机生产业务在欧洲占据非常重要的市场，奥利拉也下定决心将其关闭。最后，他把所有的资源和精力都集中在了移动通信器材和多媒体技术的探索与研究上。

经过改革以后，诺基亚的市场优势得到了展现，电信市场的蓬勃发展让这家公司一下子脱颖而出。它的主要业务有移动电话和通信基地设施，这两项业务支撑着公司的绝大部分销售额，大约占公司总收入的 80%，就连当时发展比较好的摩托罗拉和爱立信都无法匹敌。约尔马·奥利拉的经营策略震撼了全世界，芬兰国民银行所属蒙哥马利证券公司的马克·麦克彻尼对他大加夸赞：“诺基亚公司的经营策略简直太完美了，堪称商界的教科书。”

约尔马·奥利拉之所以能够成功将濒临危险的诺基亚公司挽救起来，其关键原因就在于他能够根据市场的发展特征随机应变。商场是金融界的战场，到处都充满了激烈的市场竞争，一旦市场发生变化，势必会引起商场上的波动，这时商人们就要懂得随机应变，摆脱被动的不利局面。

美国的克莱斯勒汽车公司在世界上享有盛誉，是紧随通用汽车和福特汽车之后的美国第三大汽车产业。尽管规模如此之大，但是在 1979 年时，却在 9 个月的时间内损失了 7 亿美元。这对公司来说可是一个巨大的打击。为什么会出现这种情况呢？究其原因并不是因为公司的经济实力不够或者技术力量不够硬，而是领导阶层对当时的市场变化趋势没有进行仔细分析，经营策略有些陈旧。商场上的竞争往往与信息的及时掌握和应变有着非常重要的联系。

1973 年，世界范围内发生石油危机，这对汽车行业的影响可谓巨大的。因为汽车能源受到了限制，当时整个美国汽车行业都受到了冲击。石油价格不断上涨，已经到了让美国人难以忍受的地步，于是他们纷纷开始青睐耗能较小的小型汽车。面对这种情势，通用和福特公司都随机应变，顺应客户的心理需求制造出小型汽车。但是克莱斯勒公司却不以为意，仍然按照原有的经营模式生产，认为美国人天生就喜欢豪华汽车。等到 1978 年，石油危机更加严重，豪华型的汽车销售大幅度下降，以至于汽车滞销严重，每天都会亏损 200 万美元，一度将公司推向了破产的边缘。出现这样的状况，董事长难辞其咎，于是主动请辞。之后公司邀请了之前在福特公司工作的艾柯卡来主持大局。终于在艾柯卡大刀阔斧的改革下，克莱斯勒公司存活了下来，并且发展状况日渐好转。

在犹太商人看来，面临一个多变的时代，商人想要成功就必须要具备高度的警觉性，掌握一定的应变技巧。一旦发现市场变化，就要立刻掌握市场变化的原因是什么，将来可能会朝着哪个方向发展，从而选择应变技巧，调整作战策略，这样才不会被社会所淘汰。如果我们没有这样的警觉性，很容易滞后于别人，一旦晚了一步，很可能整个局面就变得大不相同了。

随机应变是一种灵活的经商方式。有些人在经商方面比较固执，自己认定的事情就会不断地坚持下去，甚至完全看不清自己努力的方向能不能顺应时代的发展，最后偏离了潮流的方向，给自己造成巨大的损失。其实，勇于放弃也是一种应变的经商策略，是商场上的重要战术。一个善于放弃原有经营模式，改做其他业务的商人，才是能屈能伸的商人，是未来的成功者。

第五节 学会从失败中总结经验

认知自己不足，仍要昂首亮剑。

——《塔木德》

《塔木德》中的这句话告诉我们，要认真审视自己的行为，尤其是不足的地方，然后从不足中找到经验，继续昂首阔步向前走。这句话表面上是一句自省的话，实际上却蕴含着非常深刻的哲理。无论是处世还是经商，只有不断地总结自己的不足，才能让自己变得更好，未来的道路才会走得更加宽广。

犹太商人认为，在经商的过程中，失败和不足是不可避免的，不管人天资聪颖还是愚笨，只有那些善于从失败中总结经验教训的人才有可能走向成功。因为这一类人往往有一种坚持不懈的勇气，他们懂得如何提高自己的能力和水平。而那些畏惧失败或者不懂总结经验的人，要么在致富的道路上折返回去，要么不停地在同一个困难之处摔跤，永远不可能走向成功的终点。

在那些成功的美国商人中，保罗·道弥尔就是一位懂得分析失败、总结经验的人。他成功的手段就是专门低价收购那些经营不善、濒临破产的企业，然后大刀阔斧进行整顿，最后使其走上健康的发展道路。

道弥尔在1948年来到美国，当时他年纪轻轻，只有21岁，除了一个健康的身体，一无所有。他在美国找了工作，勉强能维持正常的开销，但是这样的生活并不是他想要的样子，因此在短短一年半的时间，他先后更换了15次工作。或许这样频繁地更换工作会让人觉得他是一个没有恒心、朝三暮四的人，但事实并非如此。保罗·道弥尔之所以要这样做，并不是因为他不能胜任那些工作，而是他想要通过不同的工作领域更好地了解美国，寻找商机，同时也不断地给自己增长阅历，让自己变得更强大。

后来，道弥尔去了一个日用品厂工作。工作中他沉默寡言、任劳任怨，主动帮助老板干各种各样的事情，非常尽心。有时候有些事情并不属于他的工作范畴，他也毫不计较地去干了。这一切老板都看在眼里，很欣赏他这样的员工。

一天，老板把他叫到办公室，非常认真地说："最近我忙着处理一些其他的事情，所以工厂里的事我想暂时交给你打理，不知你意下如何?"老板的信赖和眼前的机会让他非常高兴，于是他信心满满地说："您放心吧，我一定会将工厂打理得井井有条，不让你失望。"于是道弥尔就成了工厂的主管，薪水也提高了不少，至少在当时是一个非常惊人的数字。不过这些并没有让道弥尔心生满足，他的最终目标是做一个成功的企业家。而他现在想的就只是多积累一些管理经验而已。

很快半年时间过去了，道弥尔意识到，想要做一个成功的企业家，必须要具备多方面的素质，只学习管理经验是远远不够的，因为他还必须掌握产品市场，了解消费者的心理需求，这些在现在的职位上是永远不可能掌握的，所以他决定辞掉现在高薪安逸的工作去做一个推销员。因为推销在企业发展中具有重要的意义，如果销售业务做不好，那么一个企业就很难健康发展。

推销员的工作对他果然大有助益，他无论是人脉还是眼界都开阔了不少。他每天接触形形色色的客户，不断积累着销售经验，交际能力也日渐提升，另外对于客户的心理需求他也了然于心，对市场也掌握得一清二楚了。他一个外地来的年轻人，能够用如此短的时间积累起丰富的经验，这对他的人生来说可谓是一笔巨大的财富。在两年的时间内，道弥尔不断地更换工作，没有在哪里取得过成功，但是他的努力并没有白费，各种各样的经验已经在他的心中联络成一张巨大的销售网络，他也成了当地最著名的推销员。这个时候，道弥尔突然看中一家濒临破产的工艺品企业。他把工厂买了下来，占有其70%的股份，开始对这个工厂进行大肆地整改。

道弥尔最先着手的是生产和销售两个环节，在生产方面，他要提高工作效率，将员工的工资提高，任务量加大，将很多闲散员工裁掉，这样一来使生产成本降低了很多；在销售方面，他开始实行行销制度，将销售的服务质量提升，又提高了产品的价格，使利润更加合理化。就这样，这家工厂在道弥尔的经营下渐入佳境。

很多人对道弥尔的行为感到不解，于是问他："为什么你会专门收购那些临近破产的企业呢?"他非常明确地回答说："因为马上就要破产了，所以失败的原因非常显著，我不用费太多力气就能找到其中的错误与不足，然后将其改进，这样工厂经营就会出现转机，再次开始赢利。这样总结失败的经验比自己从一个小企业做起要轻松很多。"

相信道弥尔的话能够给很多经商之人以启示，那就是从失败中总结经验是一条通向成功的捷径。通常情况下，我们面对失败的时候，往往会有一种无力回天的挫败感，很快就想要放弃，然后寻找另外的致富途径，很少有人愿意花费时间去对失败进行研究，把它变成成功的基石。成功是在对失败不断地探索和研究中发现的，善于研究失败并加以改正的人才是真正聪明的人。如果我们想要成功，那就要不惧失败，并且改变一下面对失败的心态，让我们更有勇气一些。

塔木德财富基因是怎样炼成的

第七章 多听有时远胜于多说

在生意场上，我们总能看见一种说教式的推销，推销员对着客户不住地讲一款产品的优良性能，结果客户却是一脸茫然，最后轻描淡写的一句话抹杀了推销员所有的努力。这种推销方式之所以不成功，就是因为推销员并不了解客户内心的真实想法，只是遵照自己的内心去卖产品。事实上，多倾听客户的内心更有利于成功，当我们摒弃所有听力的不良因素去倾听顾客时，就能找到成功的捷径。

第一节　巧舌如簧不如侧耳倾听

沉默不会使人后悔。

——《塔木德》

《塔木德》中的这句话告诉我们，沉默有时对人是有好处的，当你沉默了之后就会发现，它是一种正确的选择。如今很多人将沉默看成一种内向的体现，所以生活中与人沟通的时候，尽量让自己保持不沉默，害怕给人留下内向、冷漠的印象，尤其是一些做推销工作的商人，更是说得天花乱坠，生怕顾客对自己的产品不了解，生怕对方觉得自己不热情，然而这样的结果往往却不尽如人意。

推销需要与顾客进行沟通。推销的过程就是一个展示自我、了解客户的过程。犹太商人认为，在推销过程中，巧舌如簧不如侧耳倾听，因为推销最难的地方不是如何把自己的想法和意见传达给客户，而是了解对方心里在想什么，我们如何去对症下药。

小镇上有一个出名的有钱人，附近的商人都想从他手里挣钱，可是大家也听说过这个有钱人的一个怪毛病，无论是谁给他推销东西，他都拒绝购买，所以很多人也不敢轻易将自己的东西推销给他，因为不推销可能还有一丝挣钱的机会，一推销就连这最后的一点儿机会都没有了。

后来，有三个推销保健枕头的朋友听说了这件事情，他们都质疑这种说法，认为自己一定能够说服有钱人购买自己的产品。第一个人见到有钱人之后开门见山地拿出了自己的产品，开始给有钱人介绍产品的性能和优点。他说只要用了这个枕头保证可以改善睡眠，另外它还可以调节身体状态，只要哪里不舒服它就能作用于哪里。在他天花乱坠的表述中，他的保健枕头简直无所不能，好像一个神物一样，可是尽管这样，大家依旧从有钱人的脸上看不到任何想要购买的欲望。等推销员把所有的话一口气说完以后，有钱人说："您的枕头的确非常神奇，可是我这个人向来睡眠很好，根本不需要什么东西来促进睡眠，所以您的好意我心领了，至于购买，我看没有什么必要了。"

知道第一个人失败的经历之后，第二人觉得他太过于直接了，应该先跟有钱人联络一下感情，然后再好好地谈产品的问题。于是他去见有钱人的时候，刻意买了酒，想要先交朋友再谈生意。当他们见面之后，第二个人并没有直接说自己的生意，而是先跟有钱人讲自己这些年来的发展，说他如何从一个小小的打工仔发展起来自己的公司，又是如何看上这款保健枕头的，最后几乎把自己的生平经历都说了一遍。有钱人虽然一直在听着，却一副心不在焉的样子，谈话结束的时候，有钱人说："先生，我很佩服你的创业精神，也觉得认识您是一件很好的事情，不过您的产品我确实不怎么需要，这实在是太让人遗憾了。"

第二个人失败以后，第三个人觉得大家之所以都没有打动有钱人，一定是他们哪里出了问题，俗话说"言多必失"，倒不如先听听对方怎么说再做决定。于是见面之后，第三个人并没有急于推销自己的产品，而是先跟他聊天儿，说的都是一些生活上的事情，后来他们聊到了创业的艰辛，有钱人的话匣子好像一下子打开了，他不停地说着自己是如何变得越来越有钱，得到了哪些朋友的关心与祝福。在这个过程中，第三个人始终没有说话，一直在听着，不时地回应着他。等有钱人说完话以后，第三个人非常礼貌地问："那现在您和之前的那些朋友还有联系吗？你是不是将自己的满腔谢意向他们表达过呢？"有钱人摇摇头。他说："我实在找不到什么合适的表达方式，我这个人不怎么善于寒暄。"于是第三个人才说道："我倒是有一个建议，不知道是否合您的心意。那就是购买我的保健枕送给他们，让他们知道您一直在关心他们，没有忘记他们的安康。"

有钱人想都没想，立刻表示了同意。这让大家都很吃惊。身边的人悄悄问他："别人向您推销产品您向来都是拒绝的，为什么这个人就例外呢？"他回答说："以往的那些人都直勾勾地盯着我的钱，把自己的产品形容得无比神奇，恨不得马上就让我拿出钱来，就连个说话的机会都不愿意给我，每次跟他们谈话就好像是在听一场说教，所以我每次都拒绝。但是这次不同，这位先生一直在认真地听我说话，我好久都没有这么痛快过了，我感觉他是一个值得信赖的人，所以只要他推销东西，我就会购买。"

第三个人的认真聆听换来了生意的成功，显然他的方法要比那些巧舌如簧的人高明很多。曾经有位销售高手说，作为推销员最重要的就是要学会少说话。犹太人经商几千年，总结出了丰富的经验，认为成功推销商品的关键不是能说会道，而是要做好一位听众，愿意倾听顾客的思想和意见，这样一来对方就变得愿意接受我们，并且将需求和想法明确地表达出来，从而让你的推销之路上更加便捷顺畅。

那些成功的犹太商人经常会花很多时间去跟客户交流，在他们身上同时具备两种重要的品质，那就是能言善辩、侧耳聆听。其中侧耳聆听是最基本的能力，也是迈向成功最关键的一步。

因此当我们跟别人进行沟通的时候，我们要善于使用聆听的艺术，努力在听的过程中捕获顾客的真实想法，然后有针对性地说服，这样相比那些巧舌如簧，只顾埋头夸耀自己产品的推销员要更容易成功。

第二节　学会从你听到的信息中找重点

商人的耳朵能够听见金钱的歌唱。

——《塔木德》

《塔木德》中的这句话非常生动地表达出了商人善于赚钱的本领，好像他们的耳朵与众不同，天生能够听见金钱唱歌的声音一样。在世界著名的富商中，犹太商人占据非常大的比例。事实上，这与商人耳朵并无关系，关键是他们能够从与客户的交谈中迅速捕获其购买信息，从而快速做出反应，对客户重点击破，轻松让他们掏出钱来。

仔细研究犹太商人的成功经历我们就会发现，捕捉顾客的购买信息并且很快做出反应能够提高推销员10%~50%的工作效率。相反，如果推销员在与顾客交流的过程中并没有捕获重要的购买信息，那么他就错失了最佳的销售机会，以至于整个过程不断向后拖延，给销售增加了极大的难度，甚至还可能被其他推销员抢先赢得交易机会。那么什么样的信息算得上是购买信息呢？当顾客在谈话或做事的过程中对产品或服务表示出明显的喜好时，或者表示出愿意做进一步交谈，这就表明他愿意购买我们的产品，至少愿意给我们进一步推销的机会。

考德威尔是一位成功的犹太商人。他从自己的经商经历中总结了不少的成功经验。他表示，购买信息通常是一系列详细而具体的关于产品或服务的问题。对方对你提出的问题越详细，说明他对你的产品越感兴趣，购买欲望就会越强烈。这时我们应该明白两点：一是对方对我们的产品已经有了初步的了解，他们之前已经做过相关的准备工作，现在他们正从我们的举动中进一步了解，看看我们的产品到底值不值得信赖；二是顾客对我们的产品有明确的兴趣，已经给了我们进一步促成交易的机会。

考德威尔根据自己的经商经验写了一本有关经商的书，书名叫作《成交》。他在书中提到，如果顾客对我们的产品感兴趣，他们很可能会提出这样的一系列问题：

“您现在向我推销 k34 型号的产品，你觉得这与我们公司的运转需求在哪些方面符合呢？想要熟练操作这种机器，我们需要进行多长时间的培训，并且需要安排多少员工去操作？”

“机器的颜色和规格我可以自己选定吗？”

“机器的磨损率怎样呢？如果机器出现故障，维修需要多长时间呢？有没有可能在一天的时间内完成整修或升级？”

“如果我们购买了贵公司的机器，那么除了价格上的优惠之外，还有没有其他方面的福利呢？例如介绍客户过来，或者在开辟市场方面给我们一点儿帮助？”

“如果我们将机器买来之后发现与我公司的操作系统并不匹配，那能不能无条件退货呢？”

“如果我们交易成功，那么您打算如何将机器运输过来呢？需要多长时间才能交货呢?”

在向别人推销的过程中，我们往往会遇到这样的问题：对方明明已经表现出了购买兴趣，但是又故意提出一些左右摇摆的问题，让我们觉得他们对产品的购买态度又不是那么肯定。通常来说，他们之所以要这样做，一方面是为了避免给推销员留下希望不停地催促购买，另一方面故意营造出一种可买可不买的样子，给再次商讨价格留下余地。另外在推销的过程中我们还可能遇到很多不明朗的问题，对方通常会使用一些带有不确定性的词语，例如假如、如果、可不可以等，当遇到这种情况时，我们就要视情况而定了。

对于我们推销员来说，顾客乐观而强烈的陈述是一种相当重要的信息，它表明顾客已经认可我们的产品，并且做好了要购买的准备。这时，我们就要将谈话的重点放在购买程序等一些细节上。然而，我们需要注意的是，顾客乐观的陈述是对产品的全方面肯定，如果他们只是对产品的某一方面表示赞成，例如“这个产品的造型非常别致，是我喜欢的类型”、“这款产品最让我看重的就是它的性能，这一点要比同类商品强出很多”，这时，我们就不能认为顾客已经下定决心购买了，因为他们的购买愿望并不是很高，我们还需要做进一步努力去劝服他们。

学会从顾客的谈话中捕捉重点信息是一个生意人应该具备的素质。因为谈话沟通是了解对方的最好途径，从对方表达的话语中我们可以知道顾客的需求与喜好，从而针对性地介绍我们产品的特点，吸引他们的关注，提高成交概率。另外，在谈话的过程中，顾客的态度是不断变化的，如果我们能够掌握这种变化，也可以认真审视自己的生意策略到底效果如何，从而沿袭好的方式，改变自己的不足，让自己的推销水平越来越好，成交率越来越高。

第三节 倾听是赢得客户信赖的艺术

> 沉默在谈话中的作用，就相当于零在数学中的作用。尽管是“零”，却很关键。没有沉默，一切交流都无法进行。——《塔木德》

《塔木德》中的这句话告诉我们，在谈话中，保持沉默就好像数字中的“零”，它看上去好像并没有太大的意义，但实际上却有着很大的作用。在谈话过程中，沉默地聆听对方看似对展示自己的产品没有任何帮助，但实际上这却是促进生意成功的一个重要手段。因为倾听是一种赢得客户信赖的艺术，而客户的信赖在生意中非常关键，有时甚至可以超过产品本身的吸引力。

犹太商人很早就认清楚了这一点，所以他们认为主动而认真地聆听顾客的心声是一个推销员最好的素养，它表明推销员愿意真心地对待顾客的需求和态度。每一个人都是需要被尊重的，当我们在推销的过程中，认真倾听顾客的心声，并且适当地做出回应时，对方就会感受到这种尊重，从而愿意进一步去了解我们的产品。同时，等我们开始展示产品的时候，他们也会认真倾听，并且逐渐对我们产生认同感。

犹太商人马尔勒在经商方面有着非常出色的表现。他是一家机器生产厂的厂长。一次，他给一个潜在的客户打电话，想要推销自己的产品，可是电话接通以后，对方是一个非常健谈的人，他不停地在说话，马尔勒连插嘴的机会都没有，于是他就只好认真地听着。

马尔勒的表现让对方非常满意。就这样客户一直在说着，丝毫不给马尔勒介绍自己产品的机会。好不容易他中间停顿了一下，马尔勒赶紧询问："先生，您理想中的机器是什么样子的呢?"这下终于把这位客户引到正题上来了。他开始滔滔不绝地讲述自己公司的发展，并且将自己的需求一一说给了马尔勒听。马尔勒把他说的内容全部记了下来。等到他开始介绍自己产品的时候，马尔勒的每一点阐述都围绕客户的需求展开，以至于对方非常惊讶，也非常感动："没想到我说的每一句话您都放在心上了，看来您是一位值得信赖的生意人。"于是马尔勒轻而易举就做成了这单生意。

从马尔勒的故事中我们很容易就能发现倾听客户心声的奇妙作用。它能够给顾客带来一吐为快的快感，这时会更加愿意接受推销员的推销来购买产品。犹太商人认为，说服顾客购买首先要赢得对方的信赖，让他们认为我们的产品一定能够对他们有所帮助。如果我们只是客观地对产品进行分析，然后提出自己的建议，顾客未必能够接受，因为他们与我们并没有心灵上的共鸣，对我们没有信任的基础。这时，无论我们把产品说得多么好，对方很可能也无法下定决心购买。

如今的销售市场上，很多推销员并没有注意到聆听客户需求，赢得客户信赖的重要作用。他们只是简单地认为说服顾客只是一个单方面的程序，一般情况下是推销员不断地讲道理、介绍产品，直到顾客被说动，然后购买产品。在这种模式的影响下，有很多生意人居然将说服顾客购买产品与推广产品的演讲等同起来。有时甚至还会营造出一种辩论的局面来。推销员会对顾客说“您看我们产品的性能是非常好的，如果您购买了这款产品，您的公司工作效率将会得到极大的提升”，“现在，就让我来给大家展示一下我们这款产品的魅力吧”。诸如这类的推销说辞在生活中我们经常听到。事实上这种推销方式已经快要落伍了。因为人们的知识水平越来越高，通常自己对产品会有一定的认知和判断，即使推销员能言善辩、口齿伶俐，他们也不会轻易做出购买的决定，甚至推销员越是说得天花乱坠，他们越心存警惕，反而对生意造成不利影响。

认真倾听客户心声也是推销员耐心和信心的体现。当顾客表示目前还不需要我们的产品或者还想与其他商家进行对比的时候，我们仍然要耐心地倾听对方的话，而不是马上慌乱地向客户解释，试图去挽回这场看似不成功的生意。因为我们的这种紧张会更加坚定对方不买的决定。所以当顾客表示出不愿马上购买时，我们应该认真地了解他们为什么会做出这样的决定，然后在必要的时候做出解释。同时，倾听还能够提升我们的自信，让顾客觉得我们对自己的产品有着足够的信任，即使货比三家，我们的产品也是无法被比下去的。我们的这种气势很可能会再次打动对方，从而改变之前的态度，决定购买。

总之，倾听在经商中具有非常重要的作用。它能够增加顾客对我们的信任，从而改善我们的人际关系和与顾客的业务往来，使得生意更加顺风顺水。

第四节　摈弃影响你倾听的不良因素

要想有大的作为，就得打破既有的成见。

——《塔木德》

《塔木德》中的这句话告诉我们，一个人如果想要成就一番事业，就应该打破人们之前固有的想法，摈弃那些对发展不利的因素，这样才能用自己创新的思维去成就自己。与客户交谈也是如此，如果我们想要聆听到对方真实的想法，就必须要将那些不利于我们听力的因素摈弃掉，从而听到客户的需求与渴望，更好地进行交易。

犹太商人认为，一个人如果具有良好的倾听技巧会对工作大有助益，尤其是面对一些影响倾听的障碍的时候，更应该保持清晰的认识，将这些不良因素摒弃掉，一心去捕捉对自己生意有利的信息。

有一家公司为了提高自己的生产效率，决定购买一批新式的机器。这一求购信息发出以后，马上得到了各大厂家的回应，大家纷纷表示，愿意以优惠的价格为该公司提供新式机器。经过反复考察，公司经理看上两家不错的企业，于是想分别约见他们的销售代表进行面谈。

这家公司的经理依靠双手苦力劳动起家，没有太高的文化水平，另外他还有一个非常大的缺陷，就是严重口吃，尤其是紧张的时候，口吃就更加严重。为了能够沟通顺畅，他特意给每家销售代表预留了一天的见面时间。

与第一家销售代表见面的时候，对方先是对自己的产品进行了简单的介绍，之后公司经理就开始表达自己的需求，可是他口吃严重，甚至有些词需要努力很久才能够说出来。刚开始销售代表还努力装作一副镇定的样子，认真听着，可是到了后来，他实在不想再坚持了，于是开始做一些小动作，东瞅一眼，西瞅一眼，这让公司经理感到非常尴尬。不过他毕竟还是要把话说清楚的，于是仍在费力地表达着，就在这时，销售代表突然打断了他的话："不好意思，您看这样行吗？我们在价格上再给您优惠 5 个百分点，这绝对是市场上最低的价格了。另外，我再给您详细地说一下产品的性能好吗……"

销售代表一口气说完了所有的话，中间没有给经理任何插嘴的机会。最后经理只好无奈地表示，会认真考虑一下这次生意上的合作。

与第二家销售代表见面时，经理也是和之前一样，一个观点半天也说不出来，但是这个销售代表与第一家公司的销售代表不同，他始终认真听着。他觉得既然要谈合作，那生意就是第一要紧的事情，虽然他一样很不喜欢公司经理混乱的表达，一样对他的口吃没有耐心，但是他知道，如果想要促成这次合作，必须要尊重对方，不能让这些倾听障碍影响到自己对客户需求的判断。就这样，他始终坚持着听完了公司经理的话，然后才开始介绍自己的产品，并且针对刚才听到的一些需求做出了解释说明。但是在价格方面，销售代表并没有做出让步。

后来，公司经理选择了第二个销售代表合作，公司的人很不解，为什么价格低的人却没有得到合作机会呢？经理说："因为他并没有认真听我说话。"

在经商过程中，我们难免会遇到各种各样的障碍，使我们不能专心去倾听，或者是无法正确理解对方的意思，从而给生意带来巨大的影响，还会影响个人和事业上的人际关系。作为一个生意人，首先要明白什么是影响倾听的不良因素，然后再努力地去克服它、摒弃它。著名的犹太销售训练师就曾经传授给人们消除倾听障碍的好方法。

首先，不能有选择性地听客户说话。每个人都有自己的喜好，对一些人或物莫名地有好感，对一些人或物莫名地反感，但是我们作为生意人，想要赚钱就不能用反感的态度去对待别人，如果我们反感客户，那么就无法全身心地去听对方说话。除了要注意自己的个人喜好之外，我们也不能太关注客户的某些特质，例如对方的衣着、外貌、身材、说话方式、口音等，这些都会分散我们的听力，从而形成不同程度的倾听障碍。所以我们必须要消除这些不利于交谈的东西，无论对方有什么不符合自己审美习惯的地方都要忍耐，坚持认真听对方说话。

其次，选择适当的环境与客户谈话。环境与谈话看似并不相关，但实际上，环境却影响着谈话效果。如果我们的谈话环境存在寒冷、炎热、潮湿、通风不良、嘈杂等问题，我们就很难认真地听对方说话，尤其是谈话时间很长时，更难以集中注意力，另外环境中的光线过明或过暗都会让人感到不舒服，给倾听带来障碍。相反，选择舒适、优雅的环境会让人心情愉悦，谈话兴致更高一些。

最后不受对方态度的影响。在生意场上我们可能会碰到形形色色的客户，当我们向他们推销商品时，他们可能表现出并不友好的态度，这时，我们很可能因为他们这种恶劣态度而生气反抗，从而使生意就此泡汤。因此，我们要尽量降低这种反应情绪，即使听到让人失望、戏弄性的话语时，也不能反应太过于强烈，尽量控制好自己的情绪，让对方觉得自讨没趣而尽快恢复到正常状态的谈话。所以调整好自己的心态在与客户的谈话中也十分重要，也是消除倾听障碍的好方法。

总之，我们在与客户进行沟通的时候，要尽量摒弃那些影响我们倾听的不良因素，以一颗平常心去看待任何人或事，只要我们培养起这种稳定的交谈能力，能够认真地倾听客户的谈话，成功的希望就会多一分。

第五节　商人要具备心神合一的倾听境界

要以两倍于自己说话的时间倾听对方的话。

——《塔木德》

《塔木德》中的这句话再一次强调了倾听的作用，它告诉我们要用比自己说话更长的时间去倾听别人，这样才会对自己的发展更加有利。作为商人倾听客户的心声是一个必不可少的经商程序，只有了解客户的心意，我们才能将推销做到客户的心坎儿里去。当然，倾听也是一种个人能力，单纯地付出时间是绝对不够的，如果我们能够做到心神合一，不着痕迹地倾听客户的谈话，那样我们的人际交往和经商能力就能上升到一定的境界。

在犹太商人眼中，商业中的交谈更像是一场考验默契的趣味比赛，如果组合在一起的选手默契度不高，中间有一个环节出现问题，最后就可能落得满盘皆输。所以在与他人进行商业谈话的过程中，要时刻注意倾听对方的谈话，注意对方的每一个小细节，这样才能更好地配合对方，营造出良好的谈话氛围。善于倾听的人往往会随着说话者的难过而难过，随着对方的开心而开心，让对方建立起充分的信任。

维特尔是一名商场推销员，她是一个犹太人。她负责的柜台是化妆品专柜。一天，一位女士前来买化妆品，维特尔非常热情地接待了她。显然，女士对化妆品并不是太了解，所以她让维特尔介绍几款现在正热卖的产品，于是维特尔就给她详细地介绍了几款，包括产品的成分、适合的肤质等，最后，女士选定了其中的一款。于是维特尔让女士先试用一下，结果女士因为自己脸上已经化妆，再卸妆试用比较麻烦而拒绝了。维特尔也没有坚持，于是女士拿着化妆品就走了。

第二天，商场刚一上班，那位买化妆品的女士就拿着昨天刚买的化妆品来了，脸蛋看上去红红的。女士称，今天早上起来用刚买的化妆品打扮自己，没想到一会儿工夫就过敏了，脸上又红又痒。她在那里喋喋不休地说着，抱怨产品有假冒伪劣的嫌疑，甚至整个柜台都不值得信赖。可是维特尔始终没有说话，她从这位女士的话中听出来她担心柜台不给她退换，于是当女士说完所有的话以后，维特尔首先承认了自己没有坚持让对方试用的工作失误，给女士道歉，然后又对女士承诺，她想要退换都可以。看到维特尔和颜悦色地为自己服务，女士马上温和了起来。最后，在维特尔的推销下，女士购买了一套更贵的化妆品。

同一商场的职员们都为维特尔鸣不平，明明是那位女士自己不愿意试用，现在出现过敏症状，又跑过来埋怨责骂，本不应该忍让她的。可是维特尔却微微一笑："顾客有不满情绪是正常的，等她把所有的情绪都倾诉出来之后，就没事了，我跟她争吵半天，然后让她投诉我，这对我来说没有什么好处，咱们的任务是推销产品，只要达到这个目的就可以，说不定她还会给我们带来更多的财富呢!”果然，几个星期之后，这位女士带来了几个她的好闺密，大家纷纷要购买这款化妆品，这下可给维特尔带来一笔不小的收入。

由此可见，想要做一名合格的倾听者，就必须要做到心神合一。不光要听，还要善于动脑思考对方的目的。这样我们才能够顺利地解决遇到的难题，同时建立起良好的人际关系，因为只有对方的自我表现欲望得到满足，心中积压的情绪得到释放，他们才能感受我们的诚意与赞美，从而转变出友好的态度来。

一个商人想要达到心神合一的倾听境界，很好地配合客户的谈话，掌握一定的身体语言是非常必要的。有时候动作的效果要远远强于语言，我们身体的每一个部分都能够显示出内心真实的想法，或赞赏或厌弃。因此掌握一定的身体语言可以强化我们的倾听效果，营造出一种轻松舒适的谈话氛围，促进客户更好地表达自己的心声。

眼睛是心灵的窗户。当客户在表达自己的看法时，我们要始终保持专注的眼神，这样才能表现出我们的认真对待，如果我们的目光游离，对方就会觉得我们对他的谈话内容并不感兴趣，只是勉强在听罢了，从而对我们心生看法，很可能最后导致生意失败，双方永远无法建立起信任。当然，对客户保持专注的眼神，并不是要死死地盯住他，而是要时刻与其保持互动，这样既礼貌又能让对方感知到自己的诚意。

脸部表情也是促进倾听效果的重要手段。我们要随着客户的喜怒哀乐而变化表情，当客户说到我们赞同的地方时我们要轻轻点头，说到难过时我们要表现出关切。在整个谈话的过程中切忌皱眉或者是表现出批评对方的意思，否则很容易将生意谈死。

坐姿也是影响倾听效果的因素。当我们的座位距离客户较远时，就很难给人一种亲近的感觉，对方也不会畅所欲言；轻松自然地端坐，会让人感到舒适；双手交叉放在胸前，好像有所防备一样，就会给人一种拒人千里之外的感觉。所以与客户聊天儿时，想要顺畅地沟通，倾听客户内心的世界，就要以合适的位置和姿势营造出一个舒适的环境。

总之，我们在与客户进行交流的时候，不光是要听，还要动脑配合对方、回应对方，做到心神合一，只要达到这个境界，我们与客户的商谈也就成功了一大半。

塔木德财富基因是怎样炼成的

第八章

有了人缘才会有滚滚财源

在致富的道路上，人缘与财源是不可分割的两个关键因素。无论哪个行业，拥有广泛的人脉，生意才更容易展开，因为我们需要客户群体，需要身边人的好口碑。好的人缘需要我们去努力开拓、发展和维护。围绕在我们身边的每一个人都应当是我们的上帝，因为他以及他身后巨大的朋友圈会给我们带来巨大的财富。只有我们被人看成值得信赖的人，才会吸引更多的财源。

第一节　拓展人脉是赚钱的第一工作

借别人的鞋子比赤脚走得快。

——《塔木德》

《塔木德》中的这句话告诉我们，即使是借穿别人的鞋子，也要比自己光脚走路快很多。这就提示我们无论做什么事情都要懂得借助其他的力量，否则只凭借自己，穷尽所有努力成果也是有限的。经商也是如此，一个成功的商人一定要懂得利用身边一切可利用的资源。对于一个商人来说，最重要的资源当然就是人脉。开发客户群体是所有销售环节的基础条件。如果我们没有开发出有效的客户群体，那我们的产品就无法进行有效地推广，那销售业绩就会受到影响，继而使销售陷入瓶颈。

犹太商人十分看重开发客户群体，将拓展人脉看成赚钱的第一工作要务。在他们看来，客户大致可以分为三个类别，即老客户、准客户和潜在客户。已经推销成功的客户就是老客户，还没有交易成功的客户是准客户，那些还没有发展起合作关系的人叫作潜在客户。对于生意人来说，这三种类型的客户都至关重要，尤其是在维护老客户方面，犹太商人做得非常棒，他们无论事业发展到什么地步，始终不会忘掉老客户。这也是他们一个重要的成功秘诀。如果我们仔细研究全世界推销高手的成功途径就会发现，新客户大部分都是老客户直接或间接带来的，不论哪个行业都是这样的情况。

犹太人沃尔夫是一个化妆品推销员。刚开始从事这个行业的时候，他没有经验，以为只要凭借自己的勤快和努力，多跑一些百货公司就能够把产品推销出去，可现实的情况却并非如此，他到很多地方都是碰一鼻子灰，这让他感到万分沮丧。一天他到一家日用品商店去推销化妆品，正好碰到了一位之前买过他产品的老客户雅黛尔。

“嗨，沃尔夫，你好啊，好长时间没看见你了，还好吗？上次跟你买的化妆品都要用完了，正打算找你买一些呢！”雅黛尔说道。

“是吗？那真是一件让人开心的事情。”沃尔夫非常惊喜地回应道。

“你最近过得怎么样呢？产品销量可好？”雅黛尔继续问道。

“实在是很糟糕，我已经很努力地在推销了，可是根本没有人愿意尝试使用我的产品，实在太让人懊恼了。”

“这真是一个让人不开心的消息。或许我可以帮你一下，我正好认识一位百货公司化妆品部的经理，如果我把你推荐到他那里，或许他会愿意接受你的产品的。毕竟你的产品我已经用过了，质量非常好，价格也实在，我想他没有理由拒绝。”

于是在雅黛尔的推荐下，沃尔夫去了那家百货公司，并且成功拿到一大笔订单。有了这次的成功经验之后，沃尔夫认识到了老客户的重要性。于是他很快改变了原来的推销策略，首先，转而去回访老客户。结果反响很好，那些老客户都非常感动，又给他介绍了很多自己的朋友、亲戚，沃尔夫在很短的时间内就接到了大量的订单。他感慨地说："要经常与老客户保持联系，就算是只见过一次面的老客户也可能给我们带来无尽的客户资源。"

从沃尔夫的故事中我们可以知道，老客户是拓展人脉的最佳途径，如果我们不懂得去维护老客户，那他们就会变成别人的老客户，继而把自己的朋友圈带到别人那里。每一个人生活在社会中都有一定的人脉关系，表面上看我们是在维护一个客户，实际上却是在维护他背后的人脉，这样就给自己储备了无限的客户资源。因为老客户用过好的产品以后，必定会分享给身边的人，这样他就变成了我们行走的活广告，这种宣传力度可是自己所努力不来的，因为其中还涉及信任的问题。

然而有些人觉得，既然拓展人脉是赚钱的第一要务，那我们何必将时间和精力都浪费在那些已经熟知我们的老顾客身上，倒不如大力宣传而发展新的人脉。殊不知老顾客的口耳相传效果比自己努力开拓要好很多倍。

当然，我们拓展人脉也不能将所有的精力都集中在老客户的身上，毕竟老顾客的数量是有限的，未知的客户是无限的，我们不能忽视那一部分市场准客户。这一部分就需要付出精力不断地努力。一次推销很难成功，当我们遭到失败之后，应该毫不气馁，总结这次失败的原因在哪里，然后为下一次推销做好准备，直到对方改变对我们的态度，最后在适当的时机将他们发展成我们的老客户。

至于那些潜在的客户，我们就要动脑筋去挖掘、去发现了，首先我们要选择那些有购买需求和购买能力的客户，然后再根据他们的购买时间、购买量等进行仔细划分，对这些重点潜在客户进行专注推销。其次，与其发展关系，关系的好坏决定了对方是否购买。有些人急功近利，关系培养不到位就急于让对方购买产品，结果对方一下子连仅有的一点儿购买欲望都没有了，使得前功尽弃。最后，拓展人脉要讲究技巧，必要时可以向顾客们讨教一点儿生意经，从买家的角度去考虑一下问题，这样更有利于人际关系的展开。

第二节　学会利用你的亲友圈，财源滚滚而来

懂得和善于利用别人的人，才是干大事的人。

——《塔木德》

《塔木德》中的这句话告诉我们，成大事者就要学会如何利用别人的力量给自己助力。俗话说：“一个好汉三个帮，众人拾柴火焰高”，这些都强调了人多力量大。一个人在经商过程中，必须要得到亲朋好友的帮扶才能越走越好，生意越做越大。商人经常强调财源广进，那么拓宽财源就是根本的途径。

犹太商人注重动用老朋友、老关系进行推销，他们觉得这样的方法行之有效，可以避免很多不必要的时间浪费，如果能够将亲戚、朋友、同事等关系保持好，那么就拥有了好多个朋友圈，做生意会更方便一些。然而现在，很多商人都热衷于不断拓展新的人脉关系，开辟陌生的市场，似乎早就将身边的亲友圈忘得一干二净，结果舍近求远，事倍功半。

巴普罗德已经放弃了之前的行业，开始做人寿保险。这个工作需要他积累更多的人脉资源。于是他忙着结识新朋友，拓展市场，甚至忙到没有时间去见老朋友。一天，他的一个朋友艾迪叫他吃

饭。艾迪是一家汽车公司的业务经理。巴普罗德从来没有想过要把这个朋友发展成自己的客户，然而巧合的是，这位朋友还正好成了他的客户。

饭桌上，大家闲聊，巴普罗德说自己正在做寿险生意，艾迪一下子很有兴致地说："我正好还想买一份寿险呢，只是一直没有时间和合适的机会。"

"你要买寿险吗？怎么没听你提起过呀？"巴普罗德说。

"你也没说过你正在做保险生意呀！"艾迪说。

巴普罗德心中一阵高兴，原来眼前就有一桩现成的生意。这太让他感到意外了，之前他一直在外边很努力地寻找客户，结果所有的努力却看不到一点儿回报。艾迪说："寿险很多人都需要，如果可以选择，当然是跟朋友买更让人放心。"这句话给巴普罗德带来了很大的启示，他觉得一直以来都是自己想得太多了，他说："一个人想要成功，就不能被拘泥在面子的围栏中，亲朋好友也是潜在的客户群体之一，只不过他们恰巧认识我而已。他们需要产品，我需要客户，我们又互相信任，为什么就不能做生意呢？"

如今很多人没有将亲戚朋友列入自己的客户圈是受很多观念的影响，例如有的人认为只有在陌生的市场上打拼出一片天地才能够体现出商人高超的推销技巧和良好的经商理念；还有的人认为推销产品是一件非常不体面的事情，所以不愿意让亲朋好友知道自己现在的处境，即使卖东西也不想让他们知道；还有人觉得赚亲朋好友的钱就是一种罪过，所以根本不会考虑将他们作为自己潜在的客户。这样他们就硬生生地把自己逼迫到了陌生的市场上去。这无形中就给自己的经商之路增加了难度。

在犹太商人看来，我们应该很好地利用我们的亲友圈，让熟悉我们的人或者是买过我们商品的人不断介绍他们身边的人给我们认识，这样我们就得到了新客户。这样借助亲友圈发展人脉是一种很好的方法。毕竟一个人的能力和资源是有限的，想要拓展资源就必须要借助他人的力量。更何况这种转介绍有着一种无穷的能量。

熟人介绍熟人，熟人还有熟人，每一个人都有自己的亲友圈，这种转介绍就是一个无限制的发展过程。因此这种积累人脉的方法也被称作“连锁反应”。如果我们能够很好地实现这一点，那么就有机会实现客户源源不断，财富滚滚而来。

为什么我们只是说有机会实现财源滚滚呢？因为即使是亲友圈介绍来的朋友，我们也需要非常热情地对待。建立起一段良好的合作关系并不是一件轻而易举的事情，它需要我们同等地付出真心、耐心、信心，这样我们才能够稳妥地借助“转介绍”在商海中如鱼得水。如果我们因为对方是熟人介绍过来的就加以冷落，单纯地认为生意一定能够做成，那我们很可能会失去这样的机会。因为利益和尊重对每一个人都是非常重要的，不论是谁介绍来的朋友，一旦他们的利益受到损害，或者是觉得自己不够被尊重，他们立马就会回到自己原来的位置上，不再给我们机会。

我们之所以要学会利用亲友圈，就是因为熟人的信任程度相对来说要高一些，开展业务更方便一些。要知道这些信任在陌生的环境下是很难保证的，这也是为什么宁愿相信熟人介绍，也不会自己去市场上贸然购买商品的原因。有了这个基础之后，我们就可以省去很多不必要的精力浪费，更好地说定准客户，为自己广进财源。

第三节 顾客是上帝，没有贵贱之分

要以对待上帝一样谦卑的态度去对待你身边的人。

——《塔木德》

《塔木德》中的这句话告诉我们，对待身边的人就要像对待上帝一样内心充满虔诚与恭敬。这句哲言不仅是处世之道，也是经商之道。我们身边的每一个人都需要尊重，作为商人，应该将每一位顾客都看成上帝，这样他们才会心甘情愿地与我们合作，把自己的钱一点一滴地装进我们的钱包。钱是不分贵贱的，所以人也不分贵贱，只要我们秉持这一观点，就可能像犹太商人那样在商界取得优秀的成绩。

在犹太商人看来，人是不可貌相的。我们不能单纯地从外表判断出一个人是否有钱，又是否会拿出钱来购买我们的产品，只有深入地了解之后才能对一个人进行全面评价。我们向顾客推销产品时，表面上看决定权在客户那里，但实际上掌控财富的命运的却是自己。当我们尊重、看重潜在的客户时，我们就满足了他们内心所渴望的东西，这时他们就会心存感激，以购买我们的产品作为回报。相反，没有人会愿意讨好一个漠视自己、不尊重自己的人，更不会拿钱买这种人的产品。因此我们要广泛交友，认真对待身边的每一个人，不慢待，不轻视，不以貌取人。

爱迪蔼里是一位成功的犹太商人。他曾经给一个建筑商当过推销员。当时那位建筑商承包了一个非常大的房地产工程，致力于打造一套价值 20 万美元的“假日花园”套房。这样高投入的建筑在当时还没有过，并且房子没有一个确定的买家，贸然投资建造，如果房子卖不出去，那可真是糟糕透了。所以这个设计计划在当时并不被看好，没有人敢轻易投资，可是建筑商还是一意孤行地建好了这座房子，委托给爱迪蔼里出售。

一天， 他正在等一位顾客，正巧建筑商从那里经过，就停下车来跟他打招呼。没过多久，又来了一辆车，车上下来一对夫妻。看样子他们的年纪很大了，穿着也十分随意，完全看不出有钱的样子。他们没说什么话，直接向门口那里走去，爱迪蔼里见状赶紧迎上去热情地招待，这个时候，他瞥见那个建筑商正在跟他招手，示意他不要那么紧张，这两个人根本买不起这样的房子，何必浪费自己的时间和热情呢！可是爱迪蔼里并没有顺从他的意思，仍旧很客气地接待了他们，建筑商见他不听劝，于是就生气地离开了。

见到建筑商走了，爱迪蔼里非常热情地邀请这对夫妻去房间里参观。房子装修豪华，这对夫妻惊讶不已，他们从没见过这么漂亮的房子，房子的屋顶足足有 12 英尺那么高。爱迪蔼里也非常高兴，因为这对夫妻是如此喜欢这个房子。

爱迪蔼里带着他们环顾房子一周，等看完第四个浴室的时候，这对夫妻实在是太过惊讶了，丈夫忍不住惊叹道：“天哪，这座房子里面居然有四个浴室！”说着他转头看向爱迪蔼里，接着说，

“很多年了，我们一直渴望有一套房子，里面至少有两个浴室。”

这时妻子也眼含热泪，深情地望着丈夫，手还是紧紧地握着丈夫的手。等到他们参观完最后一间卧室的时候，丈夫非常有礼貌地冲着爱迪蔼里说：“先生，能让我和妻子单独聊几句吗？”

“当然。”说完，爱迪蔼里非常有礼貌地退出卧室，朝厨房走去。

过了没多久，夫妻二人就走了出来，丈夫非常认真地问道：“爱迪蔼里先生，这套房子的卖价是20万美元吗？”

“是的，先生。”

“好吧！”丈夫说着脸上扬起了幸福的微笑，然后从衣服里面拿出了一个非常大的信封，慢慢地从里面掏出20万美元，并且把它们整整齐齐码好放在那里，说要买下这套房子。原来这对夫妻是在一家旅店上班的，多少年来，他们一直省吃俭用，就是想买到一套心仪的房子，现在终于如愿了。

后来，建筑商又回来了，这对夫妻已经离开了。爱迪蔼里拿出签好的合同给建筑商看，还拿出了那个大信封。建筑商打开大信封看时，不禁大吃一惊。他的样子惹得爱迪蔼里笑了：“在推销的过程中，我们应该尊重每一个人，不能用外表去衡量一个人的能力，顾客不分贵贱，只要我们给他们一个热情的招待，或许就能收获意外的结果。因为他们从我们这里感受到了平等与尊重，自然就会对我们非常信任，从而可以接受我们的产品。这其实是一个‘双赢’的结果。掌握了这种方式以后，我们的成交率就会越来越高了。再说，每个人背后都隐藏着巨大的朋友圈，今天我们因为外貌轻视了对方，很可能我们放弃的就是一大批客户，得不偿失。”

爱迪蔼里的故事告诉我们客户不分高低贵贱。我们想要在商场上占据有利的地位，就要摆正自己的心态，认真地对待所有的客户。有钱人的钱固然好挣一些，但是有钱没钱并不是外表来决定的。有的有钱人非常低调，并不太注重表面上的装扮，这些假象足以让我们卸掉有色眼镜去看人。当我们真正能够做到以平和的心态去看待任何人，那么我们距离成功或许就更近一步了，至少又给自己增加了几成成功的希望。

第四节 委婉批评胜于一味奉承

理智是神和人之间的一个媒介。

——《塔木德》

《塔木德》中的这句哲言强调了理智的重要性。生活中我们需要理智，经商时更需要理智，没有理智我们就失去了判断是非的能力，这对赚钱是非常不利的。然而有些人看不清这一点，为了赚钱或者是害怕自己利益受损而失去理智，看到自己并不赞同的事情，就大加责备，或者违心地奉承，结果却没有给自己带来好处。这一点犹太商人早就看得非常清楚。

在犹太商人看来，如果经商过程中遇到自己不赞同的事情，就要委婉地提出自己的批评观点，而不是一味地进行奉承，这对自己的生意是有好处的。批评是一门艺术，委婉的批评不仅能够让对方意识到自己的错误，同时还能够给足对方面子，对方才愿意同我们做生意。如果我们不懂得如何去批评，发现错误就当面直截了当指出，那么得到的结果也只会是对方强烈的反抗，不利于生意的展开，而一味地奉承同样也对自己的发展不利。

美兰·杜莎是犹太人，她是一个公司的管理者，也是一个交际专家。她总说，当一个人有错误的时候，我们不能直接批评，这样很可能会伤到对方的自尊，这种做法非常残忍，很可能导致员工不愿为公司效力。于是在最初管理的时候，她总是放下身段去表扬员工，甚至让他们感到有些奉承的意味。

美兰·杜莎公司有一位美容顾问，刚开始的时候工作非常努力，干什么事情都抢在别人的前面，因此深受公司的器重。美兰·杜莎总是对她提出表扬。可是渐渐地，她发现这位员工并不像之前那样努力了，甚至总是一副高高在上的样子，后来干脆连公司召开的会议都不参加了。美兰·杜莎心中很不满意，但是想到她的业绩和能力，美兰·杜莎还是决定争取一下。会议通知发下去之后，美兰·杜莎亲自给这位美容顾问打电话："这次会议会涉及产品订货方面的问题，你在这方面是老手，我希望你能够参加会议给其他的员工传授一下经验。"看到自己如此被抬举，这位美容顾问非常高兴，于是同意了请求。

从那以后，她就有点儿恃宠而骄了，凭借自己的业务量不把领导放在眼里。无论干什么事情，她总要领导亲自过来跟她解释。刚开始，美兰·杜莎好像失去了理智，想着只要赚钱即使奉承她一下也是无所谓的。可是后来，这位美容顾问越来越张狂，这让美兰·杜莎感到非常不满。

一次，美兰·杜莎召开会议，这位美容顾问拿着一个脏兮兮的化妆箱就来参加了。美兰·杜莎的公司从事化妆品生意，自己生产，自己销售，因此对卫生条件要求相当严格，自然清洁工作在公司也十分被看重。这时她注意到这位美容顾问带的化妆箱，顿时很生气。她觉得如果这位美容顾问去推销化妆品，客户看见这个化妆箱可能也会打消购买的念头。美兰·杜莎觉得就是自己的一味地忍让，才让她如此放心大胆地不遵守公司的规则。不过念在她往日的功劳，美兰·杜莎并没有直接指出她的这个问题，而是换了一种委婉的方式进行批评。

于是，美兰·杜莎临时将会议的主题定为“整洁是一种美德，它仅仅次于我们对上帝的尊敬”。会议上，美兰·杜莎向大家发问：“作为化妆品行业的销售人员，如果我们自己的化妆箱并不整洁，那么客户看过之后会有怎样的想法呢？会不会影响我们的销售业绩呢？”说这话的时候，美兰·杜莎始终没有去看那位带了脏箱子的美容顾问。不过那位顾问自然也已经意识到了自己的问题。她知道这是在批评自己，虽然感到很惊讶，但还是有所忌惮，从那以后再不敢用脏兮兮的化妆箱了。

美兰·杜莎强调：“我们从事的行业就是让别人变美的，如果我们连自己的形象都无法保证，那么就是不负责任的表现。曾经为了给公司赢得财富，什么事情我都容忍，甚至不惜奉承那些成绩优异的员工，现在想想简直是太不理智了。经营一个公司没有明确的理念怎么行呢？”

从美兰·杜莎的故事中我们能够知道，有时委婉的批评效果要比一味地奉承好很多，如果美兰·杜莎一直表扬这位美容顾问，说不定她会更加目中无人，不为公司的利益着想，反倒是批评让她警醒，让她意识到自己的不足之处，从而变得有所忌惮。

在商场上，无论是对待自己的员工还是顾客，都是一样的道理，如果我们没有原则、没有理智地一味奉承，对方就会将这种做法看成理所应当，长此以往，我们的这种合作关系就会失衡。相反，如果我们发现对方有什么不对的地方，委婉地提出批评，这时对方就可以在不伤及颜面的情况下，及时改正自己，甚至还会感念我们，与我们发展良好的人际关系，这对我们未来的经商之路也可能有很大的帮助。

第五节　争强好胜不利于良好关系的开展

嫉妒、贪欲和野心，驱人于死地。

——《塔木德》

《塔木德》中的这句话告诉我们，嫉妒、贪欲和野心是三种不好的品质，它很可能将人带到困境之中。每个人都有自己的性格特征，有的性格特征对我们拓展人际关系有利，有的则严重影响人缘的发展。在诸多不利于我们发展的性格特征中，争强好胜就是一种需要被控制和改变的性格。它表面上是取得了争论的胜利，但实际上却输掉了人心。因此犹太商人对这种性格特征也多有研究。

在犹太商人看来，争强好胜这种性格特征有好的一面，也有坏的一面，关键是要看如何去控制，如果一个人能够恰到好处地控制它，这种性格特征就会变成一种动力，让人勇往直前；但是如果控制不好的话，很可能成为伤害朋友关系的利器。犹太人常说，如果一个人总是要面红耳赤地跟朋友进行争论，即使最后自己吵赢了，那朋友们也会渐渐疏远。另外他们还觉得，如果朋友之间出现什么问题，只能通过宽容、理解和协调去化解误会，一味地争强好胜根本于事无补。或许在一件事情中，我们是有理的一方，但是想要通过争论的方式改变别人的想法，那是毫无用处的。我们永远不会通过这种方式得到别人的好感。

有一位名叫欧·哈里的年轻人，他有雄心壮志，常常想着要干一番大事业。可是现实生活却给了他很大的打击，他先后尝试过很多工作，但是没有一份干得非常出色。后来他又去推销卡车，可是依旧没有任何起色。于是他决定向卡耐基求助，因为他曾经听过卡耐基的课。

见面之后，卡耐基简单地提了几个问题，很快就发现了欧·哈里有一个特点，那就是喜欢与人抬杠。每当客户对他推销的车进行挑剔的时候，他就急得面红耳赤，开始与对方争论，直到把对方驳倒为止。

对于这一点，欧·哈里丝毫不加以隐瞒，他承认自己喜欢跟客户较劲儿，并且在很多争论中都取得了最后的胜利。但这些与他争论的人最后并没有买他的车子。他告诉卡耐基，每次从客户接待室离开的时候，他都会说："真是个浑蛋，还好我今天好好地整了他一次。我心里倒是痛快了，可是我却没有赚到一分钱。"

通过描述，卡耐基知道欧·哈里最大的问题就是难以控制自己争强好胜的性格。因此帮助他的方法并不是教他如何说话、如何去跟别人沟通，而是要让他学会如何自制，当自己想要跟别人争论的时候，如何进行自我调节。经过卡耐基的指导之后，欧·哈里明白了问题的症结，最后终于成为纽约怀德汽车公司优秀的推销员。

每当有人问及自己的成功，欧·哈里总是会说："现在我走进客户接待室的时候，如果对方对怀德没有表现出任何兴趣，只是说：'怀德卡车？不，不，我想要的是何赛卡车，怀德卡车即使你送给我我都不会要的。'这个时候我也不会再跟他激烈地争执了，只是会说：'先生，你的眼光的确不错，何赛卡车的确是优良产品，你选择这个产品是对的。'我顺着他的话说，对方自然也就没有什么好反驳的，这样就避免了争论。只要他的观点得到肯定，他就不会再反反复复强调了。那么接下来的时间，我完全可以介绍一下怀德卡车的优点，让他多了解。我刚当推销员的时候，可不会有这样好的脾气，听到客户那样说话，势必会找出何赛卡车的一些缺点去反驳他，这样就会激起对方抬杠的欲望，最后使得生意失败。现在回想起来，我真的不敢想象当时为什么是那样做推销的，我基本上把所有的时间都浪费在了与人抬杠上面，现在我控制住了自己，收到的效果果然非常棒。"

生活中争强好胜的人很多，大多争吵赢了才觉得自己有面子。这样的性格特征在经商中是非常不好的。如果我们想要拓展人脉，广结善缘，就必须要学会控制自己冲动的脾气。因为只有自控能力强的人才有可能去控制别人。这就要求我们始终要保持理智的头脑，遇到问题之后，首先要做的就是控制自己不能做出过激的反应。即使心中有不满的情绪，也要努力压抑下去，将美好的一面呈现给对方看，努力赢得客户的好感，这时客户才会心甘情愿与我们进一步合作。

坏情绪是邪恶的魔鬼，是我们致富路上最大的障碍，我们必须学会战胜它们，才能交到更多的朋友，财源滚滚。

塔木德财富基因是怎样炼成的

第九章 有计划才会有未来

致富是每一个人的梦想，但是并不是所有人都能够致富。这是因为致富并不是一件容易实现的事情。从众多成功人士的经历中我们发现，一夜暴富只是个别人的好运气，大多数人想要一个美好的未来都需要精心地计划并努力。有计划就有明确的努力方向，那些计划甚至会变成前进的动力。我们敢于放眼未来，才能看到未来的成功。

第一节　致富也要有切实可行的目标

如果一艘船不知道该驶向哪个港口，那么任何方向吹来的风都不会是顺风。

——《塔木德》

《塔木德》中的这句话告诉我们，如果一艘航行在大海中的小船，没有明确的方向，不知道该在哪个港口停留，那么它就会陷入到困境之中，觉得到处都是逆风。海上的小舟如同人生，如果一个人没有明确的人生计划，那么他就不知道该向什么地方努力，从而变得茫然无措。经商致富也是同样的道理，我们想要赚钱，就必须要有一个切实可行的目标，并且为着这个目标而努力，这样才能一步步接近财富。

犹太商人通常十分看重目标，他们认为，想要成为一个优秀的推销员，没有目标是不行的，至少应该给自己设定一个努力的方向。然而很多人刚开始做生意的时候，对自己的未来并没有明确的规划。如果有人问及为什么要从事这份工作，他们会以挣钱或者是生存为由。但是当问及他们想要发展成一个什么样的状态时，他们往往会哑口无言。

亚力尔斯是一个犹太年轻人。他从学校毕业以后就一直在给别人打工，饱受冷眼与辛酸，于是他想自己创业。他在生活的城市考察了好久，觉得做空调买卖应该能挣钱。可是他一个年轻人，一直以卖苦力为生，手中根本没有什么积蓄，就连最开始一点儿小的投资都没有。于是他决定跟认识的那些有钱人搞一些投资。

一天， 他来到一个富翁的家里。说明了自己的来意之后，富翁问道："你想要致富?"

"是的。"

"那你为什么想致富呢?"富翁问。

"我为了更好的生活。"亚力尔斯回答。

"那你有什么具体的计划吗?"富翁又问道。

"计划？我只是计划要卖空调。"

富翁摇摇头："这算得上什么计划，我现在可不能给你投资。等你什么时候有了明确的目标再说吧!"

亚力尔斯遭到拒绝之后，又找了其他几个有钱人尝试，结果都是如此。他从来没想过什么计划，也从来没有觉得计划居然如此重要。回到家之后，亚力尔斯左思右想，觉得自己这样贸然去寻找投资确实有些冲动。他安安静静地坐了下来，开始认真地思考自己将来想要走的道路。后来他非常认真地拟订了一份计划，准备利用三年时间，实现生产与销售空调一体化；五年时间达到百人规模等。

后来他带着自己的计划再次找到那个富翁。富翁看了亚力尔斯的计划以后，知道他已经经过了深思熟虑，于是一口答应给他投资。从此，亚力尔斯开始了他的创业生涯，并且依照自己的计划一步步走下去，最终在当地成为一个非常有成就的人。

成功的犹太商人经常会说：“如果我们想要成功，就必须要确立明确的人生目标，想要经商成功，就要制订明确的商业计划。”这是一个放之四海而皆准的话题，无论到了什么时候，我们都必须有目标地去做事情，去生活。当然，这个目标的制订并不是一件简单的事情，它需要注意很多问题。

首先，要注意目标的时间。通常来说制订的目标要分为四个类型：一种是为期一个月的目标，这样的目标经过短暂的努力很容易就会实现，能够不断地给人带来幸福感和鼓励，让人奋斗得非常有精神。一种是为期一年的目标，这个目标具有标志性的作用，就好像人生的里程碑一样，时刻告诉我们胜利就在不远的前方。一种是为期 5 年的目标，这种目标算是一种中期目标，是我们非常急于实现的目标，但是随着社会的发展和变化，这个目标我们要随时更改，与时俱进。最后一种是超过 5 年的目标，这种目标可以说是我们的人生目标，是我们一生努力的方向。

其次，制订的目标要切实可行，有实现的可能性。我们制订目标时，不能定一个轻易就能实现的目标，那样的目标没有太大的意义；也不能好高骛远，定一个永远都不可能实现的目标，这样的目标同样没有意义，因为不可能实现，它不仅对我们起不到动力的作用，同时还可能不断地给我们带来挫败感，起到消极的作用。通常来说，我们要将致富目标定得远大一些，虽然近期不会实现，但是经过努力我们还是有可能成功的。

再次，制订的致富目标一定要简单一些，不能繁多。目标就是一个精准的方向，如果太多，就会分散我们的注意力，反而让我们不知道该朝什么方向努力，最后变成狗熊掰棒子，全部都半途而废。

最后，制订的目标要十分具体，如果我们制订的目标空洞无物，就很容易让我们变得盲目，不知道想要干什么，以至于这个目标最后形同虚设，使我们的前进没有动力。

总之，我们想要致富这只是一个想法，如果想要将其付诸实践，就要制订好目标，写好计划，并且按照这个方向努力，这样我们才会一步步实现梦想。

第二节　知己知彼方能百战百胜

不盲目涉足自己不熟悉的领域。

——《塔木德》

《塔木德》中的这句话告诉我们，对于不熟悉的领域，我们不要轻易地走进去，因为我们很可能会遭遇一些意想不到的困难。这句哲言是在警示我们不要贸然去做一件事情，也就是说在做任何事之前都应该先去了解，这样才能做起来得心应手。古时作战讲究“知己知彼，百战不殆”，现代社会商场如战场，虽然没有刀抢硝烟，但做生意也讲究知己知彼，这样才能够取得更好的胜利。这一点在很多成功的犹太商人身上已经得到了验证。

犹太商人认为，想要向客户销售一件产品，在推销之前就应该做足准备工作。或许这种准备工作会耗费大量的精力，但是磨刀不误砍柴工，这些都是必须要进行的工作。他们认为，在推销之前掌握客户的详细资料是一个必需的工作，它能够确保我们的主动地位。如果我们对客户的情况掌握得非常透彻，那么工作将会更加顺利地开展，甚至能够轻而易举取得成功。

犹太人凯蒂就是一个得益于事先了解客户资料的商人。她在威特利寿险公司担任推销员。她经常说："一个好的推销员必须是一个好的调查员。他必须要敏感地捕获身边的一切事情，具有耳聪目明的本领，掌握四面八方的消息。谈判之前，必须要掌握好客户的材料，包括客户的年龄、性格、爱好等，这样更方便推销工作的开展。"因为有这样的经商策略，凯蒂总是非常留心身边的事物。

一天，凯蒂乘出租车出去办事，正巧遇到红绿灯，这时与出租车并排停着的是一辆豪华轿车。凯蒂看见后座上的男人正闭着眼睛轻轻地靠在那里。凯蒂想，能坐这样豪车的人一定是一个大富豪，说不定他会愿意购买我的保险，这应该是一个机会，我不能错过。于是当轿车驶离的时候，她默默地记下了车牌号码。

等她办完自己的事情以后，又想起了那位坐豪车的男士，于是开始调查起来。通过打听，她知道这辆车是卡拉公司的车辆，于是立即打电话向卡拉公司询问。

"请问是卡拉公司吗？我想问一下今天贵公司哪位先生乘坐车牌号码是××的轿车出行呢？"

"您是谁？打听这个干什么？"

"是这样的，我今天偶遇这辆车，看见里面的先生非常熟悉，或许是我的一个老朋友，想要打电话跟您确认一下。"

"原来如此。这辆轿车是我公司常务董事罗杰斯的车。"

"谢谢您，我知道了。再麻烦请问一下，他平日里大约几点钟下班？"

"这我可说不好，大概是 5 点之后，至于具体时间我就不知道了。"

之后凯蒂又开始着手寻找一切与罗杰斯相关的线索，希望对他进行更深层的了解。经过调查凯蒂知道，罗杰斯工作非常努力，他能够拥有如今的地位，全靠自己辛辛苦苦打拼，后来她又了解了他的家庭，知道他有一个上中学的女儿，知道他住在什么地方，甚至还知道他工作之余的生活。

知道这些之后，凯蒂并没有就此作罢，她仍然高度关注着自己的这个潜在客户。一天，凯蒂故意在公司门口等着罗杰斯下班，因为她很早就知道了他的下班时间。员工们陆陆续续离开公司，很快罗杰斯就出现了，他再次坐上了那辆黑色的轿车，这时凯蒂马上打车跟了上去，一路走，凯蒂一路在思考："关于这位罗杰斯，我还有什么不知道的信息呢……"

凯蒂的故事在我们看来有些过于夸张，但是它告诉我们，一个推销员为了成功销售商品就应该付出努力，凯蒂的成功并不是一件偶然的事情。做好客户的资料收集工作是很多经商高手惯用的策略。即使是一个陌生的客户，他们也能够通过各种途径了解他们的性格特征、兴趣、生活方式、家庭状况等，当然值得一提的是，这种本领并不是天生的，它是在经商过程中从无数的经验中总结出来的好方法。因此我们必须加以学习。

开辟陌生的客户群体，我们势必会面对不熟悉的人，这使工作难度相对较大。因为在未知的环境中充满着不确定的因素，很容易就让我们因为一点儿小小的失误而前功尽弃。因此，当我们锁定客户群体以后，就要想办法在合法的情况下，多了解对方，然后投其所好，用对方喜欢的方式去做这单生意，那么我们的成功概率会更大一些。

第三节 敢于放长线才能钓大鱼

遵循一个计划有步骤地用钱投资，对大多数人来讲是最好的投资方式。

——《塔木德》

《塔木德》中的这句话告诉我们，通常来说，最好的投资方式就是有计划、有目的地进行投资。这句哲言强调了投资的规划性。一个商人想要经商成功，计划是一个必需的步骤，尤其是面对一个大生意的时候，更要做好完备的计划与充足的准备，这样大生意到来的时候，我们才能泰然地接受，否则很可能错失良机。

在犹太商人看来，心急吃不了热豆腐，大的生意往往需要准备很长时间才能完好无损地将其拿下，否则很容易失败。但是在现今的生意场上，很多商人都非常着急，一旦看见客户，就迫不及待地想要让他购买自己的产品；一旦看见一桩大生意，恨不得马上就把它拿下。殊不知这种急功近利反而不利于事情的发展，客户很可能会被我们的积极吓跑，生意也可能因为我们的准备不充分而失败。所以我们应该培养自己敢于放长线钓大鱼的勇气，善于观察好的商机，然后用心去筹备，等时机一到，完美拿下。

泰瑞·威廉姆斯是一个具有远见卓识的人。最初，他只是《箴言》杂志的一个普通员工，负责公关与推销的各项事宜。后来，他组建了自己的公司，但是他觉得并不是离开《箴言》的好时候，于是仍在《箴言》继续工作，并且长达6个月之久。1988年，他的公司——泰瑞公共关系代理公司正式成立。很多大牌明星都成了他的客户，其中就包括埃迪·墨菲、辛博德等人。

要说泰瑞的成功，其渊源要从1980年说起。那时候，泰瑞认识了演员迈尔斯·戴维斯。这位演员在当时非常有名望，之后也对泰瑞的生活带来了非常大的影响，只是当时泰瑞并没有意识到这一点。那个时候，泰瑞正在纽约医院从事社会公益活动，恰巧迈尔斯·戴维斯在这家医院完成了一个手术。他很快就吸引了泰瑞的注意。那段时间他们结识并成了很好的朋友。之后他们就保持着频繁的联系。

一天， 泰瑞收到了一封请柬，是迈尔斯·戴维斯的妻子派人送来的。请柬上说迈尔斯·戴维斯将在一艘游轮上庆祝60岁的生日，希望泰瑞能够出席他的生日宴会。这次宴会邀请的人并不多，只是一些非常要好的朋友，为此泰瑞感到非常荣幸。

宴会当天，泰瑞认识了很多名人，包括埃迪·墨菲、肯尼迪·福瑞斯、埃迪的堂兄雷·墨菲，他们都与埃迪在一起工作。泰瑞非常高兴，晚宴结束以后，他还受邀看了埃迪在卡门迪俱乐部的表演，度过了一个难忘的夜晚。

从那天以后，泰瑞就与埃迪等人建立起了紧密的联系，他说：“如果换成别人，这样一个美好的夜晚过去之后，他们一定会久久怀念，认为那是一个美好的回忆，但是我却不同，我回去之后继续与他们保持联系，甚至写信表达对他们热情招待的谢意。”

生活中，泰瑞时刻为自己的将来准备着。他订阅了近百种杂志和许多报纸，不过这上面的内容他并不是全部都看，他只看一些自己感兴趣的事情。当看到某些著名人物的兴趣爱好或者是什么特殊的喜好时，他就会将这些记录下来，然后全部记载到电脑中。当他看到一些埃迪等人可能感兴趣的东西时，他也会把这些东西寄给他们。这样的生活习惯泰瑞一直保持着，虽然当时并没有什么大的用处，但是他始终坚持，并且相信未来的一天终究能够用得上。就这样，泰瑞始终有着埃迪等人的联系地址和电话，这个阅读、寄东西的习惯始终将他们牵在一起。

很快，两年的时间过去了，泰瑞已经同埃迪以及她的朋友们建立起了深厚的情谊。肯尼迪经常会邀请泰瑞去参加他们的宴会，可以说泰瑞已经融入了埃迪的那个朋友圈子。之后，泰瑞有机会参与了埃迪第一部音乐剧的拍摄。这部影片反响十分热烈，埃迪一下子就成了世界瞩目的票房人物。后来，泰瑞还参加了另外一部电影的首映礼，但是有一个问题却始终困扰着他，那就是他以什么样的身份出现在各种场合呢？于是他决定要做埃迪的公关代理人。

有了这个目标之后，泰瑞开始综合各种背景信息，主要就是那些能够担保他工作质量和传播能力的知名人士。做好这些准备工作以后，泰瑞就给埃迪写信，告诉她自己想要担任她的公关代理人的想法，并且还提到了各界知名的朋友，给自己好好地包装了一下，让埃迪觉得，如果她想要找一位公关代理人，那么没有谁比他更合适了。

信件寄出去一个多月，泰瑞仍然看不到埃迪的回应，于是决定打电话一探究竟，结果他成功地代理了埃迪的公关宣传。就这样泰瑞成功了，他用了很多年的准备一下子做成了一笔大生意，因为埃迪是他的第一位客户。有了这样的基础之后，发展公司就是指日可待的事情了。

从泰瑞的故事中我们能够知道，想要做成一件大事，我们一定要具有放长线钓大鱼的勇气和耐心，试想，如果泰瑞刚结识埃迪的时候就提出要做她的公关代理人，他会成功吗？答案当然是否定的。从这里我们再一次感受到计划对于未来的重要性。当我们决心要做一件大事的时候，就要做好长时间为其奋斗的准备。因为有些时机需要慢慢铺垫才能成熟。因此我们想要成为一个成功的人，就要把目光放得更长远一些，着手现在，放眼未来，从大格局上去看待事物，这样更容易成功一些。

第四节 时间就是金钱，分秒必争

金钱能够储蓄，而时间不能储蓄。金钱可以从别人那里借，而时间不能借。人生这个银行里还剩下多少时间也无从知晓。因此，时间更重要。

——《塔木德》

《塔木德》中的这句话告诉我们，我们可以将钱储存在银行，但是时间却没办法储存；我们可以从别人那里借到钱，但是却借不到时间。在人生中，每一个人的时间都是不固定的，因此我们没有办法预知自己还有多少时间可以使用，不像金钱一样一目了然。因此二者相较起来，时间要比金钱更重要一些。

在犹太商人眼中最不能容忍的就是时间的浪费。他们曾经做过一个最简单的计算，如果一个人每天能挣 10 美元，结果他却躺在家中玩了半天，他以为这半天仅仅只是浪费了花费在娱乐上的钱而已，但事实上他却忘记了本应该挣到的 5 美元。这个简单的计算再次向我们强调了时间的重要性。

犹太人阿里斯就是一个视时间如生命的人。在他的人生中，时间一分一秒都是不能虚度的。他经营的是一家日用品销售公司，一年要接无数的单子，因此忙得不可开交，就连坐飞机时也在不停地工作着。他觉得与其无所事事地坐在飞机上等候落地，倒不如做些更有意义的事情为好。于是其他乘客酣畅惬意的时候，阿里斯就忙着整理客户资料、研究客户心理、寻找新的商机、安排第二天的工作等。他的忙碌所有人都看在眼里。

一次，一位坐在他旁边的先生跟他打招呼："嗨，先生，我跟你同乘过很多次飞机，每次都见你非常忙碌，难道你不用休息吗？"

"休息？我可舍不得浪费这美好的时间。"

"哦，那我猜你的老板一定非常赏识你。"

"不，我是自己的老板。"看着对方惊讶的表情，阿里斯继续说道，"我习惯将点滴时间都利用起来，比如等飞机的时候，我会用这点儿时间去联系老客户，与其保持紧密的联系，坐飞机的时候，就整理一些资料，顺便再整理一下思绪，看看自己还有什么没有想到，这些时间都是非常宝贵的，我可不敢有分毫浪费。"

阿里斯的时间观念不得不让人佩服，他能够将每一点儿时间都变换成挣钱的准备。一个成功的商人就应该利用好每一分每一秒的时间。美国麻省理工学院曾经对1000位优秀推销员进行调查，发现他们之所以能够成功，关键的一点就是大家能够合理利用时间，把虚度的时间降到了最低点。这一点是很多人都做不来的。放眼那些一事无成的商人，他们大多有着自由度非常大的工作，把大部分时间都浪费在了吃喝玩乐上面，没有有效地利用时间。因此，我们想要在致富的道路上有所成就，就必须要学会合理利用时间。那具体来说，我们应该怎样去做呢？

首先，要将时间集中起来使用。例如我们今天计划拜访10位客户，这时我们就要对客户进行筛选，尽量将住址相近的人安排在一起，这样就可以节约很多路程上的时间，办事效率相对就会提高。至于一些毫无价值的客户，我们要将在其身上消耗的时间与得到的回报进行衡量，如果他需要我们花长时间去维护，但是为我们带来的效益却少之又少，这时我们就应该果断将其删除，以免影响时间的合理规划。

其次，养成勤快的好习惯。懒惰是对时间最大的浪费，很多时候，我们懒于干一件事情，时间就在无形中被浪费了。例如我们用完一件东西以后懒得放回到原位，下次再用的时候，就会花很长的时间去寻找，这无疑是一种时间的浪费，如果改掉这种懒惰的毛病，将东西整理得井井有条，使用时就能一目了然，这样就可以节约很大一部分时间。

再次，学会利用零散的时间。我们在生活中总会有各种各样的事情要做，所以通常时间都不是完整的，一些事情会将一整天的时间割裂成很多个碎片。如果我们不能对这些零散的时间加以利用，那么就会造成很大的浪费。因此利用饭前的时间看书读报，利用饭后的时候整理东西，都会让我们的生活变得充实，不至于虚度光阴。

最后，培养守时的观念。一方面守时是一个人的人格体现，我们作为推销员，跟客户约定好时间以后就要懂得去遵守，否则将很难赢得客户的信任。另一方面，守时也是对自己的一种约束，当我们制订计划以后，就要按照定好的时间去执行，这样能够很好地治愈一些人的拖延症。例如我们规定自己每天几点起床、用多长时间完成早饭等，从而避免了时间的浪费。

当我们做到有计划地使用时间以后就会惊奇地发现，原本的工作效率提高了，原本并不顺畅的工作也变得井井有条，也只有这样做时候时间才会变成金钱，一点一滴地钻进我们的口袋。

第五节 战胜对手也是赚钱计划的一部分

想要赚取更多的钱，主要不在于你干什么，而是取决于你怎么去干。

——《塔木德》

《塔木德》中的这句话告诉我们，赚钱有一个明确的目标，知道自己要干什么很重要，但是相对来说更重要的是要知道怎样去干，这就要求我们必须要有一个明确的计划。在犹太人的商业计划中，战胜竞争对手占有非常大的比重。因为只有战胜对手，我们才有机会去做生意，才能有赚钱的可能性，否则一切免谈。

随着市场经济的不断发展，如今的市场几乎已经没有空白区域，无论我们想干哪方面的生意，都存在激烈的竞争，客户面对成百上千种同类产品，如何就能买我们的商品呢？这就需要我们费心去思考计划，其根本的做法就是战胜其他竞争对手，保持一枝独秀。

一个犹太人经营着一家螺丝厂。他在这个领域属于后来者，为了能够以质取胜，这个公司经理购买了先进的设备，雇用了一流的技术人员，他公司生产的螺丝质量远远地高于其他同类产品。可是问题也随之而来了，高成本的投入使得产品价格不得不提高一些，但是很多客户并不愿意为这高出来的价格买账。因此公司一时间陷入了销售困境。公司派出很多推销员去做市场推广，可是效果都不尽如人意。

后来，一个叫东尼的推销员站出来对经理说，他的办法可能会卖出去产品。他说想要客户心甘情愿地花高价格购买自己的产品，那就必须让他们看见产品的质量，没有对比就没有伤害，只有让客户看到效果对方才会动心。

东尼来到自己看好的客户那里，他没有给大家讲自己的产品有多优秀，而是让客户把他们现在常用的其他商家的产品拿出来，客户也很好奇为什么东尼的态度如此坚决，于是就答应了他的请求。只见东尼把几种产品全部浸泡在同一盆盐水中，过了一会儿之后，东尼把这些螺丝拿出来晾在了一边，并且交代客户不要动这几个产品，等下个星期大家再一起看结果。

一周后，东尼又来到客户那里，再次观察那几种放置了一个星期的螺丝，这时大家发现，其他厂家的螺丝早已锈迹斑斑，只有东尼的螺丝光亮如新。看到大家惊讶的眼神，东尼赶紧向他们介绍自己产品的优良品质，同时还介绍了工厂的先进设备和超前技术，客户明显有些心动。于是他又趁机说："虽然我们公司的产品价格有些高，但是产品质量有保证，折旧率非常低，使用绝对安全，这样算来，价格也算不上很高了。"他的话让客户频频点头，最后决定更换自己工厂使用的产品，改用东尼的产品。

从东尼的故事中我们不仅可以看出，想要赚钱就必须要打败对手，同时还看到了犹太人经商的行业修养。在犹太商人中有这样一条不成文的规定：不用卑鄙的手段去诋毁和诽谤同行业的产品。任何商业谈判的目的都是达成合作，而不是去评价同行业的业绩。不去诋毁我们的对手，不仅是个人修养的体现，同时还能够彰显出一个公司的整体风貌。如果我们在推销过程中，故意贬低别人的产品，而无限抬高自己的产品，这对我们来说没有丝毫作用，反而会引起客户的反感，拒绝与我们合作。

虽然当今销售市场上人们都秉持着各自经商、互不侵犯的理念，但毕竟市场是有限的，所以竞争迫使人们必须要战胜对手。显然，避免与对手正面交锋是非常不明智的选择，我们要以产品说话，要学会运用智慧赢得客户的心，这样才能进行下一步的生意。

需要注意的是，在与对手争夺客户的过程中，如果客户说一些对其他公司不满的坏话，我们也要始终坚持自己的原则，不诋毁同行，因为客户在我们面前说别人的坏话，无外乎有两个目的：一是诋毁别人，讨好我们，然后从我们这里获得更多的优惠；二是对我们的考验，看看我们自身的品质和修养如何。如果这个时候我们对客户的话表示赞同或者是随声附和，那么对方就会因此而瞧不上我们，认为我们不值得信赖，从而导致半途而废。所以当客户在我们面前说其他同行的坏话时，我们要谨言慎行。对于对方的坏话不妨轻轻带过，反而能彰显出一种不屑说他人坏话的自信，让客户觉得我们是最优秀的，从而选择我们的产品。相反，如果对方夸赞其他同行，我们也不能急着去反驳，以免引起客户的反感。我们可以顺着客户的话对同行表示赞同，赢得客户的好感，从而使客户更愿意选择使用我们的产品。如果我们能够坚持这样的策略，相信战胜对手并不是什么难事。

塔木德财富基因是怎样炼成的

第十章 生意场上讲究技巧

商场上想赚钱的人比比皆是，但是成为富商的人却远比努力的人少很多。做生意是讲究技巧的，包括我们如何与客户沟通、如何去交际、如何灵活地应对客户的挑剔、如何吸引客户的关注等。聪明人运用技巧让成功变得更加容易，往往给人事半功倍的效果。我们想要经商成功，就必须要懂得利用智慧去面对一切。

第一节 巧妙的提问是聪明人的做法

独立思考，怀疑一切。

——《塔木德》

《塔木德》中的这句话告诉我们，无论对待任何东西，我们始终要保持怀疑的态度，然后进行思考，使自己做任何事情都做到心中明白。生活中我们不难发现，聪明人总是善于思考，当他们有不懂的地方，就会巧妙地提问，从而来满足自己的好奇。当然在经商过程中，巧妙提问是一种非常必要且有效的技巧，它能够帮助我们迅速了解客户的内心想法，更快地促进交易成功。

在生意场上，我们经常会遭遇这样的尴尬场景，当我们就产品的优良性能跟客户做完一场精彩的解说之后，觉得自己马上就要成交了，但是对方却毫无反应，以至于我们一时间不知如何是好。但是这种情况在犹太商人中是比较少见的，他们善于运用提问的智慧，在他们看来，人们往往可以从客户的回答中得到更好的效果。

安雅公司是美国一家著名的沙发生产厂家，拉尔森就在这个公司上班，并且担任销售员的职务。他想把自己的产品推销给新开业的伊思尔家具店，于是就主动去了那里："您好，很荣幸我能有机会将我公司的产品介绍给贵店。”

“您好。”伊思尔回应说。

“我今天要给您介绍的是我公司的一款新产品，这款产品很符合消费者的需求，它最大的特点就是色彩比较艳丽，红色、紫色、亮粉色……只要你想到的颜色我们这款新产品应有尽有，如果零售商对这种固定的家具形式不太满意，我还可以提供专人定制，只要顾客提出要求我们就能满足。要知道定制是不用支付任何额外的费用的，只需要两天时间，我们就可以如期交货。我们这款家具的价格也很亲民，均价只有 350 美元，怎么样，这款家具是不是很符合您的心意呢？”拉尔森兴奋地介绍着。

“哦，这样啊……”伊思尔说。

“怎么？我说得不够清楚吗？”拉尔森见状问道。

“先生，您说得非常清楚。只是我想，您的这款产品更适合年轻人的审美眼光。我的家具店所处的位置距离一些退休老人的公寓比较近，我想把他们当成我长期的客户群体，这些人有稳定的收入，应该更加喜欢典雅一些的家具。”伊思尔解释说。

拉尔森一时间无言以对，他只知道依自己的喜好向顾客介绍产品，但是却忘了询问顾客需要的东西到底是什么。事实上，安雅公司有很多款产品，其中不乏高雅系列，只是拉尔森这样一介绍，一下子把伊思尔的购买欲望说没了。

拉尔森无功而返，公司只好又派出其他销售员跟进这一销售渠道。这次的销售员是麦克。他是一个头脑灵活的销售员，他觉得顾客的要求才是交易成功的关键。因此当他走进伊思尔家具店的时候，并没有急着推销自己的产品，而是开始询问对方的想法：“您好，我想知道您想要的家具是哪种款式？您的客户群体是怎样的呢？”

于是伊思尔又把自己想要将家具卖给退休老人的想法说了一遍。麦克接着问道：“看来您理想的家具就是价格实惠、款式典雅的类型是吗？”

“没错，我希望这些家具能够保持一个长期如新的感觉，毕竟退休老人的思想与年轻人还是有差别的。”伊思尔回答说。

“那你接受的心理价位是多少呢？是不是价格不能太高？”麦克问。

“只要家具质量有保证，价格方面是有空间的。我没有给自己做出太硬性的规定，当然物美价廉是最好的。”

最后麦克成功地向他推销了公司的一款老产品。那款产品样式雅典，不过价格却并不低。为此麦克赚到了一大笔钱。原本拉尔森也想向伊思尔推销这款产品的，只可惜他首先选择推销新款，错失了交易成功的机会。

从这个故事中我们不难发现，向顾客提问有时是一种非常好的推销手段，它能够让我们直接了解对方的购买需求，省去了很多弯路甚至是误会。犹太商人从他们的从商经验中发现，无论在推销的哪一个阶段，推销员都可以巧妙地提出问题去探寻顾客的真实想法，了解他们想要的是什么，顾忌的是什么，不仅如此，巧妙的提问还可以调动顾客购买的积极性。

然而有些推销员并没有意识到提问的重要性，当他们面对客户的时候，往往开门见山地介绍自己的产品，完全不顾及顾客是怎样的想法与感受，只是说得天花乱坠，自认为这样的产品一定能够打动顾客。事实上，不同的人有不同的需求，这种没有互动的推销很难一下子就满足对方的心理需求，这也是诸多推销失败的根本原因。因此我们向顾客推销产品的时候，要做一个聪明人，先用提问勾起顾客的购买欲望，然后再把合适的产品卖给他。

第二节 为下一次交际做好铺垫

眼光盯着未来。

——《塔木德》

《塔木德》的这句话告诉我们，要着眼于未来，把眼光放得更长远一些。这句话是人生的真谛，也是经商的好手段。生活中有很多人目光短浅，只计较眼前的得失，从不考虑以后，这种做法是极不明智的。因为很多事情并不能一蹴而就，它需要我们尽心三番五次地努力才能够成功，如果我们只看重眼前，一次性把事情做死，那么就没有再回旋的余地，这样就注定了失败。

经商也是如此，聪明的犹太商人早就发现了一个规律，那就是推销一般不会在第一次就能够成功，它往往还需要第二次，甚至第三次、第四次的努力。然而有些推销员在推销中欠缺经验，往往遭到拒绝之后就放弃了再次尝试的机会，从此告别这桩生意。但是聪明的推销员往往会给自己制造下次拜访的机会，在他们眼中第一次访问的结束就是第二次访问的开始，他们总能给下一次交际做好铺垫，以便有机会将客户拿下。

克林是一个家具店的推销员，最近公司生产了一批家庭小凳子，安排给推销员们出售。接到任务之后，推销员们纷纷忙碌了起来。有的人直接出门推销去了，认为得抓紧时间去推销。克林先是在公司打印了一盒名片，然后才开始出门推销。

当时是 10 月份，人们的家中并没有什么庆典活动，所以对小凳子的需求基本上没有。推销员们大多都吃了闭门羹。克林也一样，每到一家去推销，对方总是很客气地说："对不起，我们现在不需要那么多凳子。"不过克林很聪明，觉得马上就到圣诞节了，说不定人们会有所需求，于是很礼貌地递出了自己的名片，说："既然您现在不需要，那就等有需要的时候给我打电话吧，希望我们下次还能再见。"

很快，圣诞节到了，家家户户都开始举办宴会，面对如潮的客人时，主人才想到没有足够的凳子可以坐，于是他们都想到了曾经给自己递名片的克林，于是打电话找克林要货。这下克林可忙坏了，不停地有客户打电话来订购，甚至连价格也来不及商讨。看着忙碌的克林，其他的推销员真是懊悔死了，他们纷纷感慨当时被客户拒绝的时候怎么就不懂得为以后交际再留上一手呢？

机会总是垂青那些做出准备的人。如果当时克林也像其他的推销员一样，被拒绝之后就直接离开，那么客户之后再有需求想要找他也没办法了。所以为下一次交际做一点儿铺垫是生意场上一个非常必要的手段。那么我们如何放眼未来，为下一次拜访做好铺垫呢？

首先，名片是我们最好的工具。当我们与客户结束一次见面的时候，我们可以将名片留给对方，这样当对方需要我们的时候，就可以随时联系到我们，而不是一次见面后就杳无音信。另外我们也可以向对方索要名片，当他愿意把名片给我们的时候，我们就可以与建立起密切的联系，方便日后再次见面。如果对方找各种借口没有给我们名片，那我们正好可以找到借口下次直接拜访。

其次，就是利用资料做铺垫。通常情况下，我们拜访客户的时候都会带上产品的相关材料。当客户对我们的产品不太感兴趣但是又不好意思直接拒绝的时候，他们就会要求把材料留下来自己慢慢看看再做决定。事实上，这只不过是客户拒绝的说辞，如果我们把材料留下，他们根本不会认真去看，或者干脆就会丢掉。这时，我们可以趁机把材料留给对方，并且告诉客户这份材料还有用处，等对方看完之后还会再来取，这样对方就不会把材料丢掉，同时我们也有了下次来拜访的正当理由。

再次，给客户留下一份问卷调查。很多推销员之所以会给客户发放问卷调查，一方面是想了解客户内心真正的需求，以便对症推销，提高自己的成交率；另一方面就是想给自己下次拜访留一个借口，借助回收问卷的时机再次与客户进行沟通，加强彼此之间的关系，让自己的推销更容易一些。

最后，要口头承诺。当一次拜访结束的时候，如果对方没有接受我们的推销，我们也不能垂头丧气，而是要对下次拜访抱有更大的信心。临别时，我们可以对客户说："我在您这儿附近有好几个客户，什么时候过来，我还会再来拜访您的。"通常情况下，出于礼貌，对方都会欣然答应。这样一来，当我们真的再来拜访时就不会显得那样突兀，更方便商业谈判的展开。

总之，跟客户打交道要灵活一些，懂得运用一定的方法和技巧，这样我们成功的概率就更高一些。在推销的道路上并没有轻而易举的成功，我们需要不断地努力才会有希望。当面对一个潜在客户时，我们必须要拿出攻克城堡的决心，一次拜访失败，就做好下一次拜访的铺垫，直到最后取得成功。

第三节 做生意要具备创新思维

越是"不可能"的事做起来越顺当。

——《塔木德》

《塔木德》中的这句话告诉我们，有些事情看上去很难实现，甚至根本不可能实现，但恰恰这样的事情做起来却相当顺畅。生活中我们经常被一些假象所蒙蔽，当看见一些貌似困难的事情时，自己就会后退，觉得根本没有办法完成，于是就挑选简单的事情去做。事实上，看似简单的事情就未必是容易成功的。经商就是如此。聪明的人往往会独辟蹊径，用创新的思维给自己谋求财富。因为创新的道路上竞争压力小，更容易成功一些，而跟随大众的脚步前行，看似简单却处处遭人排挤。

犹太商人认为，世界上致富的道路有很多，只要敢于创新，任何一个行业都可能成功。犹太人亨利·彼得森就是这样一个成功的例子。

亨利·彼得森很早就随着父母移居到了纽约。从16岁开始，他就在一家知名的珠宝店里当学徒，师傅是当时著名的犹太工匠卡辛。卡辛做首饰的功夫一流，经过他手的首饰都十分受欢迎，因此那些有名望的太太、小姐们无一不熟悉他。亨利·彼得森跟随他学艺三年，每天不断对石头和宝石进行雕琢，同时还不断修炼自己的心性，逐渐从一个懵懂无知的少年成长为一个成熟稳重的年轻人。更重要的是，他做首饰的技艺也越来越高了。

1935年对于彼得森来说是非常重要的一年，因为这一年他结识了著名的珠宝批发商梅辛格。过去彼得森虽然听过哈特·梅辛格的名字，但是一直无缘得见。这一次梅辛格亲自登门拜访，让彼得森惊讶不已。

梅辛格是一个精明能干的商人，首饰只要经过他的手就一定能够卖一个好价钱，为此彼得森对梅辛格充满了敬畏和崇拜，尽管他并不认识这个著名的商人。这一次梅辛格来找彼得森是谈合作的。他听说彼得森曾经学艺于卡辛，更是非常高兴。梅辛格将珠宝设计的事情交给了彼得森来做，并且赋予其极大的自由，彼得森可以随心所欲地设计并制作珠宝首饰，这就给他的聪明才智提供了无限大的发挥空间。

虽然彼得森的技艺精湛，但是对梅辛格的订单，彼得森总是非常谨慎，每一个产品都必须亲自检查数遍，一旦发现有什么瑕疵，立即就会返工改制，直到无可挑剔。他在担任着梅辛格特约供货商的同时，也被上流社会所看好，一时间声名远播，越来越多的人来找他做首饰，他因此而变得忙碌起来，甚至根本忙不过来。于是他就找来正赋闲在家的朋友詹姆，二人商量着要组建一个小型的首饰工厂，二人一拍即合，于是“特色戒指公司”就这样诞生了。

为了让自己的公司独具特色，彼得森觉得必须要创新才能赢得市场，于是他决定要在戒指的表现形式上多做文章。

当时，人们认同和接受的戒指构图都是心形图案，所以彼得森就在这个基础上进行改进，经过仔细思考，他终于制作出了属于自己的独特设计：把宝石雕成两个心互相拥抱的样子，宝石底座是用白金雕成的两朵花，在这两朵花的花蕊中各有一个好像天使一样的婴儿，一个是男孩儿，一个是女孩儿，手中牵着拴在宝石上的银丝线。这个设计象征着美好的寓意，真正地体现出了彼得森的用心设计。当然这枚戒指更与众不同的地方在于，两个婴儿牵的银线就好像是用很多股绳搓成的皱纹，事实上，这些皱纹全部都是雕刻上去的，它会根据结婚新人的要求而随意增减，这样就成了每对新人独特的标志，象征意义更加美好。这个设计匠心独运，一下子圈粉无数，生意渐渐越做越好。

1948 年，彼得森的公司再一次有了大的跃进。因为他一次加工又发明出了一种镶戒指的“内锁法”。这个方法让钻石的 90% 都能展现在外面，只有底部的一小部分与金属连接着。这次加工实际上是受人之托，一位客户想要彼得森加工一颗蓝宝石送给一位知名女星当作生日礼物。没想到他的这项发明立刻引起了很大的轰动，不仅获得了专利，还引得珠宝商们争相购买。另外这位女星还无偿为彼得森做了广告，因为她的明星效应，很多有钱人不惜高价请彼得森做首饰。一时间财源滚滚，钱财不断地滚进彼得森的腰包。

取得如此大的成就并没有让彼得森因此而放慢前进的步伐，他在创新的道路上不断摸索，终于在 1955 年，他又发明了一种“联钻镶嵌法”。这种方法让钻石看上去会更大，甚至能有两倍大的效果，于是再一次吸引了众多消费者的目光。有了这些别出心裁的设计，彼得森的公司蒸蒸日上，为他赢得了巨大的财富。

彼得森的公司之所以能够在激烈的行业竞争中生存下来，并且保持长足的进步，就是因为他在经商过程中不断使用创新的技巧，将众多陈旧的珠宝商落在身后，逐渐成就自己钻石大王的富商地位。

我们如果想要在经商的道路上稳步前进，就要学会运用创新的技巧，这样我们才能始终走在致富道路的最前沿，没有竞争、没有排挤，直奔成功的巅峰。相反，如果我们缺乏这种创新意识，总是跟在别人背后亦步亦趋，那等待我们的结果就是落后与淘汰，那前方的道路注定黯淡无光，致富更无从谈起。

第四节 利益面前要灵活变换脸色

八分的紧张和二分的松弛。

——《塔木德》

《塔木德》中的这句话告诉我们，在与人交往的时候，要保持八分紧张和二分松弛，这就是说，我们在别人面前要灵活把控自己的情绪。如果总是保持以百分之百的状态去做事情，这样对我们的交际将会产生不利的影响。为人处世是这样，经商赚钱也是这样，学会灵活地变换脸色才是一个聪明人的做法。犹太商人向来看重金钱，在利益方面他们很少去迁就忍让。尤其是在商业谈判的过程中，他们总是会因为利益而不断变换脸色，让人感到捉摸不定。

有时候犹太人会很大方，对任何人都不吝惜自己的笑容。但是当涉及金钱的时候，他们就会小心谨慎。因此在谈判过程中，他们的微笑不一定代表协商的成功，严肃也不一定代表失败，可以说，他们多变的脸色更多的是一种谈判技巧。

霍华·休斯是美国著名的大富翁。一次，他想大量购买一批飞机，于是就找到飞机生产商洽谈。在谈判资料上，休斯要求把自己提出的 34 项要求写进去。在这些要求中，有 11 项是没有协商余地，并且对谈判对手是保密的。这样的条约对方并不认同，于是双方开始争执，相持不下。随着时间的推移，冲突越来越严重，已经到了不可调和的地步，似乎马上就会出现一场打斗一样。最后休斯竟然被赶出了谈判会场。

但是休斯并没有因此而放弃谈判。他又派出了私人代表，继续去跟飞机生产商协调。在私人代表去谈判之前，休斯嘱咐他说："我的要求非常简单，只要对方在那 11 项要求上做出让步，我就非常高兴了。"带着这个艰巨的任务，私人代表去跟飞机生产商谈判。经过一番认真而激烈的谈判之后，私人代表成功地争取到了休斯在意的那 11 项要求，并且还多争取到了另外的 19 项。这让休斯感到非常惊讶。他问私人代表："你是如何做到的，要知道为了这几项要求，我们差点儿打起来。"

"其实我们谈判的过程非常简单，每当双方意见有分歧的时候，我都会问：'你们愿意现在就跟我把问题解决好，还是把问题留下来，将来再一次面对休斯去解决呢？'每当这时，他们总是会妥协，然后答应我的请求。"

无独有偶，蒙特纽斯也是一个通过巧妙变换脸色而获得成功的人。年轻的蒙特纽斯是一个犹太商人。他为人善良，处处与人为善。从小父亲就教授了他一手好的木工手艺，因此他现在以做木质家具为生。因为蒙特纽斯的木工手艺好，使用的木头材料质量佳，所以很多人都来他的店里购买。不过他是一个出了名的善良人，无论什么事情都忍让别人，这就让很多精明的生意人看在了眼里。

每次家具批发商来蒙特纽斯这里批发家具，他们总是给出非常低的价格，通过各种理由说服蒙特纽斯将家具卖给他们。因为蒙特纽斯的善良，他们的计策每次都会得逞。很快半年的时间过去，蒙特纽斯的合伙人发现，他们每天忙忙碌碌工作，居然只得到了非常少的利润，甚至连基本的开销都难以维持。这个问题引起了蒙特纽斯的关注。他对自己的行为进行反省，明白是自己的忍让让店里损失了很大的利益。他暗暗在心中决定，以后绝对不能再继续这样做生意。

可是现在，他的名声已经出去了，如果他突然在利益上认真地计较，很可能会突然毁掉自己的口碑。可是没有赢利又怎么办呢？于是他想到了一个好方法，那就是每次谈判时，都让自己的合作伙伴一同出马，这样他负责用微笑待客，而合伙人则负责认真谈价格。就这样，在商业谈判中，他们一个唱白脸，一个唱红脸，配合得相当完美。每当有利益纷争的时候，合伙人就会严肃地争取，每当谈客户的时候，蒙特纽斯就笑脸相迎，大谈自己的技术手段。慢慢地蒙特纽斯的店铺开始赢利，并且越来越受青睐。

从这两个故事中我们不难发现灵活地转变脸色在商业谈判中具有非常重要的作用，休斯的严肃认真和私人代表的灵活，蒙特纽斯的善良和合伙人的分毫必争，显然是两种不同的状态，二者结合在一起，正好是一个完美的效果，轻轻松松就将谈判拿下。

在商业谈判中，每当遇到金钱问题时，犹太商人总是十分认真地对待，每一分利益他们都会认真审视并去争取，即使唇枪舌战也在所不惜。不过，他们有一点品质是非常可贵的，那就是是非分明。当他们探讨一个问题的时候，对就是对的，错就是错的，从来不会混淆黑白。有时候，他们在商业谈判中争得面红耳赤，甚至互相谩骂，最后大多以愤怒而收场，根本没谈出来任何结果。然而到了第二天，他们就好像从来没有发生过不愉快的事情一样，见面时互相微笑着打招呼，问候彼此，然后再一次进行商谈。他们的脸色转变之快，快到让我们惊讶，这也是他们之所以能够在商场上取得成功的重要原因。因为利益，他们可以不停地变换脸色，直到达到自己的目的为止。

关于这一点，我们很多人是望尘莫及的，也是需要努力学习的。只有利益面前不放弃、不妥协，最后才可能争取到自己的手中。因此我们在经商过程中，不能始终坚持强硬的态度，对任何事情都不屑一顾，也不能一味地忍让去讨好别人，只有学会巧妙变换脸色才是为自己赢得利益的绝佳手段。

第五节 方案多才更能吸引客户

多射几箭就能中靶。

——《塔木德》

《塔木德》的这句话告诉我们，射击的时候，如果我们的技术不能达到一箭命中红心，那么就要多射出几箭，这样总有一支箭可以射中。它表面上看是在说射箭的问题，实际上说的却是一种做事的方法。人们在经商过程中经常会遇到这样的问题：当推销员向客户推销产品的时候，往往会遭到拒绝，这时不甘认输的推销员会更换另一种产品或者另一种方案来给客户看，最终他总是会打动客户，赚到他的钱。

犹太商人在赚钱方面非常有经验，那些顶尖的推销员为了吸引客户往往会准备很多套方案供客户选择，这样客户选择的空间大，总有一种产品是符合自己心理预期的，于是就愿意购买，进而达成交易。相反，如果我们的方案单一，不能满足客户的需求，很可能就会被客户挑剔拒绝。

罗杰斯是一个空调推销员，最开始做这份工作的时候，他缺少经验，总是想着把自己认为最好的东西推荐给客户，所以做方案的时候，他往往也只是做一种方案，结果这种方法让他吃了不少的亏。

一次，他去客户斯克特家推销空调。像往常一样，罗杰斯做过自我介绍之后，就开始向斯克特介绍自己空调的优良性能。整个过程中，罗杰斯兴致高昂，斯克特一句话都不说，默默地听着。

等罗杰斯讲完之后，斯克特才开始对他表明自己的想法和疑问："您介绍的这款空调的确有很多优点，这一点我是承认的。不过我的心中仍然存在着疑问。既然它是一款新产品，那么它的质量如何保证呢？性能是否优良也有待验证。虽然这款空调的声音并不是很大，但是与那些知名品牌相比，仍然存在很大的差距，我这款空调主要是想给老人用的，如果噪声太大，会对他们的睡眠质量产生很大的影响。还有一点是我比较担忧的，这款空调的功率非常大，虽然不用更换电表，但是我住的老房子线路陈旧，或许根本无法负荷如此大的用电量，强行使用，恐怕会存在很大的安全隐患。再说我觉得现在也确实不是买空调的好时机，现在天气已经开始变得凉爽，可能再不会出现高温天气，所以现在买了空调根本没有用的机会，等我开始使用的时候，半年的保修期早已过了，那我还不是相当于没有保修吗？"

罗杰斯从来没有想过这些问题，虽然有些吹毛求疵，但是也不无道理，所以他一时间不知道如何是好。最后他只好与斯克特进行协商，以最低的价格将这款新产品卖了出去。

从那以后，罗杰斯在推销空调的时候，总是多准备几套方案，针对不同需求的客户，这样一来，他的成交率开始逐渐上升，钱财也开始慢慢地装进他的口袋。

制订多种谈判方案是一种良好的生意技巧。对于推销员来说，大多数的谈判都会按照一定的形式展开，所以方案是必备的东西。但是我们对客户并不是百分之百地了解，所以对一个方案就能够成功也不能抱有百分之百的希望。如果我们事先没有准备好多种方案，而我们准备的方案恰恰又是对方不喜欢的，这时我们很可能就会被迫接受一项交易，而它往往要低于我们的满意程度。

犹太商人在准备方案时总是会做好充足的准备，他们有很多制作极具吸引力方案的方法，这些都是值得我们学习的。

首先，要明确方案的目的是什么。无论做几种方案，我们都必须要有一个清晰的认识，这个方案是用来做什么的，与客户谈判的时候对方提出了哪些新的条件等，只有明确了这些东西，我们才能对整个谈判有个全局上的把控。

其次，决定采取什么样的谈判方向。如果我们想要采用横向的谈判方式，那么我们就可以把所有的问题全部摊开排好，然后按照顺序与客户进行商谈；如果我们想要采用纵向谈判方式，那么就要把问题按照逻辑整理好，然后一个问题一个问题地向深层次去谈。

最后，确定谈判的要素。通常情况下，无论制订什么样的方案，谈判要素是不能少的，例如谈判主题、谈判时间和议程等。

掌握了这些制订方案的方法以后，我们就可以根据这些去制订多套方案，虽然最后成功的交易对我们来说是唯一的，但是多套方案会让我们有备无患，万一一套方案不符合客户的心意，我们可以立即用第二套、第三套方案补上，尽可能给客户提供多项选择的空间，这样他们拒绝的余地就会大大减小。